JN430091

어디에도 없는
밀크티 백과사전

카페 Milk Tea 메뉴 101

티 믹솔로지스트 이상민

수작걸다

What is the milk tea?

밀크티가 대세입니다. 프랜차이즈부터 작은 동네카페까지 어디서든 손쉽게 밀크티를 즐길 수 있지요. 커피 공화국이라 불릴 만큼 커피 마니아들이 많은 우리나라에서 가히 획기적인 일입니다. 커피 외의 메뉴가 이렇게 대다수의 사랑을 받는 건 처음 있는 일이니까요. 특정 카페의 병입 메뉴에서 시작한 밀크티 열풍이 음료업계의 판도를 뒤흔들고 있습니다. 과연 밀크티는 무엇이고 어떻게 탄생되었을까요?

밀크티는 티에 우유를 넣은 베리에이션 티를 뜻합니다. 티를 즐기는 방법이자 메뉴 자체이기도 하지요. 밀크티의 기원에서도 이를 확인할 수 있습니다. 7세기경 당나라의 문성공주는 지금의 티베트인 토번왕국으로 시집을 가면서 당시 당나라의 문물을 챙겨갔는데 그 중 하나가 차(茶)였습니다. 티베트인들은 가축인 야크의 젖으로 만든 버터를 차에 넣는 색다른 방식으로 차를 즐겼는데 그것이 바로 흔히 버터티라고 부르는 '수유차'입니다.

밀크티를 즐기는 방식은 각기 다릅니다. 육식을 즐기던 티베트인들이 밀크티로 부족한 영양 섭취를 꾀했다면 유럽에서는 또 다른 방법으로 밀크티를 즐겼습니다. 17세기 프랑스 사교계의 유명인이었던 샤블리에 부인은 딸에게 보낸 편지에 '차를 마실 때 우유를 넣어 마신다'라는 기록을 남겼습니다. 그런데 그 이유가 조금 색다릅니다. 맛보다는 당시 고가품이었던 찻잔이 깨지는 것을 방지하기 위해서였지요. 찻잔에 우유를 먼저 붓고 차를 따르는 방식은 다시 영국으로 건너가 지금까지 영국인들이 티라고 이야기하는 홍차와 우유를 섞어 마시는 방식의 모태가 되었습니다.

문화와 결합해 만들어진 메뉴가 밀크티입니다. 차에 우유를 넣어 마시는 유럽의 차 문화는 당시 그들의 식민지였던 아시아의 여러 국가에 전파됩니다. 티베트인들이 그랬던 것처럼 시간이 흐르면서 밀크티는 여러 문화와 결합하면서 각기 다른 방식의 메뉴로 정착합니다. 밀크티는 어려운 메뉴가 아닙니다. 밀크티의 역사가 그러하듯 누구나가 자신의 취향에 맞춰 즐길 수 있습니다. 바로 이것이 세계 곳곳에서 밀크티가 사랑받아온 이유입니다.

Milk in first?
Tea in first?

밀크티의 본질은 차(茶)입니다. 우린 차에 우유를 첨가하여 만들지요. 대단히 복잡하고 특별한 방법이 있을 것 같지만 자신의 취향대로 만드는 메뉴이기도 합니다. 그러다 보니 밀크티가 대중화되기 시작한 이래, 영국을 중심으로 그 방식에 대한 논쟁이 지속되고 있습니다. 대부분의 영국인들은 진하게 우린 차에 목 넘김이 부드러워질 만큼의 약간의 우유를 넣어 마시는데, 이때 우유를 언제 넣는가에 대한 설전이지요.

우유를 언제 넣는 게 맞을까요? 논쟁은 우유를 먼저 넣어야 한다는 MIF(Milk in first)파와 차를 먼저 넣어야 한다는 TIF(Tea in first)파로 갈려 무려 100년간 지속됩니다. 많은 유명 인사들이 자신의 방식이 옳다고 주장하고 나섰지요. <동물농장>, <1984>로 유명한 조지 오웰도 <A nice cup of tea>라는 에세이를 발표하며 논쟁에 합류합니다. 끝나지 않던 논쟁은 2003년 조지 오웰 탄생 100주년을 기념해 영국왕립화학협회에서 '완벽한 차 한 잔을 만드는 법'을 발표하면서 일단락됩니다. 협회는 우유를 먼저 넣어야 한다는 MIF파의 손을 들어주었는데 우유를 먼저 넣은 다음 차를 넣어야 차의 온도가 떨어져 우유의 단백질 성분이 변성되지 않고 신선하게 유지된다고 그 이유를 밝혔습니다.

차의 즐거움, 다양한 방법으로 즐기세요 밀크티는 만드는 과정 자체가 간단해 만드는 방식도 여러 가지가 존재합니다. 밀크티를 다양하게 즐기고 싶다면 굳이 한 가지를 고집하지 말고 여러 방법을 모두 이용해 만들어보세요. 다양한 시도 끝에 자신만의 비율과 취향을 찾게 될 겁니다. 그것이 차가 주는 즐거움 중 하나이니까요.

카페 Milk Tea 메뉴 101

GREEN TEA + MILK

OOLONG
& PUER TEA + MILK

밀크티는
어떻게 구성되는가?

Garnish

Tea Base

Milk
Products

Syrup

TEA BASE 홍차 · 녹차 · 우롱차 · 흑차 · 허브티

일반 스트레이트 티에 비해 진하게 우리는 것이 특징입니다. 홍차가 기본이지만 녹차,
우롱차, 흑차(보이차), 허브티를 베이스로도 만듭니다. 단일 베이스의 티뿐만 아니라 두세
가지의 티를 섞어 새로운 베이스 티를 만들거나 커피나 허브, 과일 등으로 베이스의 맛과
향을 차별화시키기도 합니다.

MILK PRODUCTS 우유 · 연유 · 생크림 · 아이스크림 · 두유 · 크림치즈

밀크티 구성에 있어 중요한 부분입니다. 밀크티라는 메뉴명에서 50% 지분을 갖고 있는
재료이지요. 대부분 우유를 이용하여 밀크티를 만들지만 최근에는 다양한 유제품의
활용도가 높아지는 추세입니다. 유제품의 특성에 따라 밀크티의 텍스처도 바뀌어 저마다
각기 다른 밀크티가 만들어집니다.

SYRUP 리퀴드 · 파우더 · 퓨레&청 · 잼

단맛을 가진 감미료는 밀크티의 맛과 색을 결정합니다. 감미료를 넣으면 차의 향이 더욱
부각되지요. 액체시럽을 포함해 파우더, 잼, 과일청, 퓨레, 리큐어 등 맛부터 향, 형태까지
제각인 감미료로 밀크티의 맛을 구성할 수 있습니다. 최근에는 피넛버터, 누텔라 같은
스프레드 제품도 즐겨 사용하고 있지요. 감미료의 양은 자신의 입맛에 맞춰 조절하세요.

GARNISH 타피오카펄 · 견과류 · 곡물 · 과일

일반 음료에서는 가니시를 마지막 단계에서 포인트 장식으로 사용하는 반면
밀크티에서는 타피오카펄처럼 메뉴를 만드는 과정에 넣어 맛에도 영향을 미치는 경우가
종종 있습니다. 심플한 밀크티도 가니시를 어떻게 하는가에 따라 비주얼의 차이가
있으니 가니시를 꼭 염두에 두세요.

실론티

아쌈티

다즐링티

레몬그라스티

버터플라이 피 플라워티

가루녹차

히비스커스티

보이숙차

우롱차

TEA BASE

밀크티의 기본

● **홍차 베이스**　밀크티를 만들 때 가장 많이 찾는 차입니다. 스트레이트 티에 우유를 섞으면 떫은맛은 줄어들고 목넘김이 부드러워지죠. 다양한 나라의 지역에서 각기 다른 특징의 홍차를 생산하고 있어 메뉴의 폭도 넓습니다. 보통 향과 맛이 강한 아쌈티나 실론티가 밀크티 베이스로 인기가 좋지요. 가향홍차나 블렌딩 제품도 밀크티 베이스로 즐겨 사용합니다.

책속 홍차
단일홍차 》 아쌈티·실론티·아쌈CTC
블렌딩홍차 》 잉글리시 브렉퍼스트·얼그레이티·브렉퍼스트·차트라뮤·립톤티엘로우라벨·레이디그레이
가향홍차 》 장미가향·메이플홍차·라즈베리가향·사과가향·바나나가향·레몬가향

● **녹차 베이스**　녹차는 크게 잎녹차와 가루녹차로 나뉩니다. 밀크티 베이스로는 음료 완성 시 강한 맛을 내고 우유와 컬러 대비를 이루는 가루녹차를 즐겨 사용하지요. 반면 잎녹차로 밀크티를 만들면 우린 녹차의 은은하고 싱그러움을 느낄 수 있습니다.

책속 녹차
잎녹차
블렌딩녹차 》 겐마이차·자스민차·모로칸민트티
가루녹차

● **우롱차&흑차 베이스**　6대차(녹차·백차·황차·청차·홍차·흑차) 중 청차에 속하는 우롱차는 녹차와 홍차의 느낌을 함께 지닌 차입니다. 산화도에 따라 녹차 느낌부터 홍차 느낌까지 맛과 향의 스펙트럼이 넓지요. 차를 발효시켜 만든 흑차(보이숙차)는 젖은 낙엽 냄새와 흙 냄새의 맛과 향을 지녀 처음 맛보는 이들에겐 부담스럽기 쉽습니다. 이런 까닭에 우유를 넣어 부드럽게 즐기려는 이들이 적지 않습니다.

책속 우롱차&흑차
우롱차 》 피치우롱·농향우롱·계화우롱·청향우롱
흑차 》 보이숙차

● **허브티 베이스**　다양한 맛과 향의 허브는 메뉴를 만들기에 최적화된 재료입니다. 누구나 한번쯤 경험해본 허브로 메뉴를 만들면 익숙한 향과 맛이 나지요. 다만 히비스커스의 경우 우유를 분해하는 산 성분이 들어 있어 그 양을 조절해 사용해야 합니다.

책속 허브티
허브 》 캐모마일·레몬머틀·라벤더·히비스커스·바질·버터플라이 피 플라워·레몬그라스·페퍼민트
티백 》 세이지민트허니티 티백·진저레몬그라스 티백

우유

코코넛밀크

아이스크림

바나나맛우유

주스

탄산수

딸기맛우유

연유

무가당 우유

아몬드밀크

MILK PRODUCTS

밀크티의 타입을 결정

우유 베이스 티에 이은 핵심 재료입니다. 보관방법, 살균방법, 영양성분에 따라 종류가 나뉘며 각각의 우유마다 특징이 있어 밀크티 완성 시 결과물도 달라지지요. 저지방 우유나 무지방 우유처럼 지방성분을 제거한 우유를 이용하면 밀크티의 맛이 옅어질 수 있습니다. 다양한 과일의 맛과 향을 가미한 가공유는 손쉽게 색다른 밀크티를 만드는 재료이지요. 코코넛밀크나 아몬드우유, 두유 등 식물성 재료로 만든 대체 우유도 사용 가능합니다.

책속 우유
일반우유
가공우유 》 바나나맛우유·딸기맛우유·멜론우유
식물성 우유 》 코코넛밀크·아몬드밀크·두유

크림 진하고 깊은 맛의 특별한 밀크티를 만들고 싶을 때는 크림을 사용하세요. 주로 우유의 유지방 성분으로 만든 생크림, 아이스크림, 휘핑크림을 사용하지요. 우유 대신 팜유, 체종유, 대두유 등의 식용유로 만든 대체 생크림인 식물성 크림도 사용 가능합니다. 건강을 고려한다면 동물성보다는 식물성 크림을 추천합니다.

책속 크림
아이스크림 》 바닐라아이스크림·녹차아이스크림
크림 》 생크림·코코넛크림·초코크림치즈

연유 밀크티를 만들 때 우유의 역할을 하는 재료입니다. 우유에서 60%의 수분을 날려 만들며 연유는 무가당 연유와 가당 연유로 나뉩니다. 흔히 시중에서 연유라고 불리는 타입은 약 40%의 설탕을 함유한 가당 연유입니다. 무가당 연유는 설탕이 전혀 들어 있지 않아 '농축우유'로도 불리지요. 진한 우유의 풍미와 단맛을 원한다면 가당 연유를, 달지 않으면서 진하고 부드러운 밀크티를 원한다면 무가당 연유를 권합니다.

책속 연유
무가당 연유(농축우유)
연유

그밖에… 차와 우유만으로 만드는 클래식한 밀크티 외에 최근에는 새로운 재료와 매칭한 색다른 밀크티가 속속 등장하고 있습니다. 주스를 섞어 상큼함을 더하거나 커피처럼 향이 진한 재료를 넣어 다양한 맛과 향을 내기도 합니다. 톡 쏘는 탄산수를 가미한 메뉴도 볼 수 있습니다. 다채로운 재료로 특별한 밀크티에 도전하세요.

책속 그밖에 재료
원두커피·라임주스·파인애플주스·탄산수

아카시아꿀시럽

타로파우더

시나몬파우더

요구르트파우더

흑당시럽

딸기청

유자청

캐러멜소스

메이플시럽

블랙베리시럽

다크 초콜릿소스

SYRUP

밀크티의 맛과 향, 색을 결정

리퀴드 타입　밀크티에서 시럽은 막강한 영향력을 지닙니다. 단맛은 물론 향과 색까지 담당하지요. 리퀴드 타입의 시럽으로 메뉴를 손쉽게 만들 수 있습니다. 질감이 진득한 소스를 넣고 밀크티를 만들면 그 맛이 한결 진해지지요. 아이리시 위스키와 크림을 섞어 만든 베일리스도 밀크티 칵테일을 위한 최적화된 리큐어입니다.

책속 리퀴드 타입

시럽 》 캐모마일시럽·오렌지오일시럽·레몬오일시럽·바닐라시럽·민트시럽·흑당시럽·허니시럽·블루베리시럽·아카시아꿀시럽·리치시럽·로즈시럽·헤이즐넛시럽

소스 》 다크 초콜릿소스·화이트 초콜릿소스·캐러멜소스

파우더 타입　가루로 된 재료를 뜻합니다. 최근에는 고구마파우더, 타로파우더, 요구르트파우더까지 종류도 늘어나고 있지요. 파우더 타입은 적은 양으로도 밀크티의 맛과 색에 변화를 줄 수 있어 효과적입니다. 카페 등의 매장에서 즐겨쓰이죠. 흔치 않은 재료이긴 하나 활성탄을 이용하면 몸 안의 노폐물을 제거할 수 있습니다.

책속 파우더 타입

단맛 》 설탕·갈색설탕·소금·요구르트파우더

맛&컬러 》 핫초코파우더·시나몬파우더·자색고구마파우더·카카오파우더·코코넛파우더·타로파우더

퓨레와 청 타입　주로 아이스티 메뉴에 활용하는데 새로운 타입의 밀크티를 만들 때도 즐겨 사용합니다. 퓨레와 청에는 다량의 당 성분이 함유되어 있어 일반 시럽처럼 사용할 수 있지요. 대부분 과일로 만들어 밀크티의 맛뿐만 아니라 향과 색까지 변화를 줍니다. 잼이나 엑기스 타입으로도 밀크티를 만들어보세요. 재료의 다양함은 메뉴의 다양함으로 귀결됩니다.

책속 퓨레와 청 타입

청 》 딸기청·도라지청·모과청

퓨레 》 유자퓨레·망고퓨레

잼 》 마론잼

그밖에…　스페셜한 밀크티를 만들 때 찾는 재료들입니다. 누텔라나 피넛버터 같은 스프레드 제품을 이용해 맛있는 밀크티 메뉴를 만들 수 있습니다. 언뜻 상상하기 어렵지만 맛을 보면 고개가 끄덕여지죠. 누텔라나 피넛버터는 지방 함유량이 높으니 뜨거운 재료에 녹여 사용하세요. 진한 느낌의 밀크티 메뉴를 고민한다면 적극 추천합니다.

책속 그밖에 재료

누텔라·피넛버터·베일리스

화이트 타피오카펄

시리얼

시나몬

블루베리

현미 프레이크

정향

과일

스타아니스

그린 타피오카펄

GARNISH

밀크티의 히든 포인트

타피오카펄 밀크티의 식감을 담당합니다. 열대 구황 식물인 카사바 녹말로 만든 식품으로 끓는 물에 삶으면 쫄깃해지죠. 애초 타피오카펄은 주로 디저트로 즐겼는데 이를 음료에 넣으면서 새로운 형태의 메뉴가 탄생되었습니다. 그 메뉴가 바로 대만의 버블티이지요. 생김새가 진주 같이 생겼다고 하여 '펄'로도 불립니다. 메뉴 하나에 다양한 식감을 느낄 수 있도록 타피오카펄을 넣어보세요.

책속 펄
블랙 타피오카펄·화이트 타피오카펄·그린 타피오카펄

견과류 및 곡물류 견과류의 고소한 맛과 향도 밀크티를 돋보이게 해줍니다. 가을과 겨울의 밀크티 메뉴에 특히 어울리지요. 아몬드, 헤이즐넛, 캐슈너트, 마카다미아, 잣 등을 잘게 부수거나 다져 밀크티 위에 뿌리거나 섞어 사용합니다. 최근 카카오닙스나 시리얼 같은 곡물류도 밀크티 가니시로 활용되고 있습니다.

책속 견과류와 곡물류
견과류≫ 헤이즐넛·아몬드
곡물류≫ 카카오닙스·현미 프레이크·시리얼

과일 음료 장식으로 즐겨 사용되는 과일은 밀크티에서도 예외가 아닙니다. 베이스 티의 향과 일치하는 과일을 가니시로 사용하면 메뉴의 특징을 한눈에 보여줌과 동시에 상큼함을 불어넣지요. 시트러스 계열의 과일로 밀크티에 가니시를 할 때는 과육이 아닌 껍질을 사용하세요. 과육 속 과즙의 유기산이 우유와 만나 응고되면서 비주얼은 물론 식감에도 악영향을 줄 수 있습니다.

책속 과일
제스트≫ 레몬 제스트·자몽 제스트·라임 제스트
슬라이스≫ 사과 슬라이스·바나나 슬라이스·망고 슬라이스
통과일≫ 블루베리

그밖에… 허브는 밀크티 메뉴에 즐겨 사용하는 가니시는 아니지만 밀크티에 허브를 활용하면 프레시함은 물론 다양한 느낌을 전달할 수 있습니다. 말린 허브부터 생 허브까지 메뉴의 느낌에 맞춰 매칭해보세요. 지금껏 보아왔던 밀크티와는 사뭇 다른 느낌의 음료가 완성될 거예요.

책속 허브
생 허브≫ 민트·로즈마리·타임·바질
말린 허브≫ 로즈페탈·로즈버드·자스민플라워·라벤더

Hot Milk Tea

밀크티를 만드는 기본적인 방식입니다. 1잔 기준(핫 메뉴
티포트 1개분) 차 6g에 물 300~400ml를 준비합니다.
일반 스트레이트 티와 비교하면 차의 양만 2~3배
늘어나지요. 진하게 우린 차에 감미료를 넣어 맛을 내는 게
포인트입니다.

핫·아이스·타피오카펄·아이스 큐브 밀크티

베이식 밀크티 만드는 공식

"밀크티는 어떻게 만들어야 가장 맛있을까요?" 많은 분들이
묻습니다. 답은 하나입니다. 자신의 취향에 맞게 만드세요.
차가 기호식품이듯 밀크티 또한 마찬가지입니다. 여기 네 가지
방식의 베이식한 밀크티 만드는 법을 소개합니다.

a **베이스 티 만들기**
  예열한 티포트에 홍차 6g과 끓인 물
  300~400ml를 넣고 5분간 우립니다.
  차가 진하게 우려지면 설탕이나
  시럽을 넣어 단맛을 조절하는데 최소
  설탕 1작은술은 넣어야 차의 맛과
  향이 잘 느껴집니다.

b **우린 차 따르기**
  차 거름망으로 찻잎을 걸러 우린
  차를 잔에 따릅니다. 밀크티를 뜨겁게
  즐기고 싶다면 잔에 미리 뜨거운
  물을 부어 예열해두기를 권합니다.

c **우유를 부어 완성하기**
  차가 담긴 잔에 우유를 부으면
  밀크티가 완성됩니다. 상온의 우유나
  차가운 우유를 취향에 맞추어
  사용합니다.

Ice Milk Tea

아이스 밀크티는 얼음을 넣어 만드는 방법과 얼음을 넣지 않는
방법이 있습니다. 얼음을 넣으면 보다 빠른 시간 안에 밀크티를
완성할 수 있고, 얼음을 넣지 않으면 깊은 맛의 아이스
밀크티를 만들 수 있지요. 얼음을 넣는다면 차를 우리는 물의
양을 절반으로 줄여 베이스 티를 진하게 준비하세요.

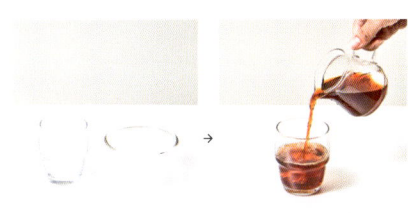

a 잔에 얼음 넣기
얼음을 준비합니다. 큼직한 크기가 쉽게 녹지 않아 아이스
메뉴에 적당하지요. 잔은 일자형보다는 아래쪽이 넓은
타입을 선택하세요. 일자형 잔은 얼음이 상대적으로 적게
들어가 차가운 맛이 덜한 반면 아래쪽이 넓은 잔은 얼음이
안정적으로 들어가 수월하게 아이스 메뉴를 만들 수
있습니다.

b 상온으로 식힌 베이스 티 붓기
차를 우리는 방식은 핫 밀크티와 동일합니다. 다만 얼음이
녹으며 차가 희석되므로 차의 양은 4~6g으로 잡고 물의
양을 150~200ml로 줄여 진하게 우립니다. 우린 차는 찻잎을
걸러 상온까지 식혀 얼음이 담긴 잔에 붓습니다.

c 차가운 우유에 감미료 섞기
다른 잔을 이용해 우유에 감미료를 넣습니다. 아이스 메뉴는
차가운 우유를 사용하므로 설탕보다는 시럽을 사용하세요.
감미료는 우유를 잔에 부은 후에 넣어도 문제없습니다.

d 우유를 부어 완성하기섞기
감미료와 섞은 우유를 차가운 베이스 티가 담긴 잔에
붓습니다. 음료는 감미료 맛이 골고루 느껴지도록 잘 섞어
드시길 권합니다.

Tapioca Pearl Milk Tea

타피오카펄을 넣은 아이스 메뉴입니다. 흔히 타피오카펄과 버블을
동일시하는데 버블은 밀크티를 흔들어 만들면서 생긴 거품을 뜻합니다.
거품이 많이 생겨 붙여진 이름이 버블티이지요. 타피오카펄 밀크티를
만들 때는 베이스 티를 가장 나중에 넣습니다.

a **타피오카펄에 감미료 섞기**
미리 삶아 준비한 타피오카펄에 P245 참조 원하는 양의 시럽을
섞습니다. 녹말이 주성분인 타피오카 펄은 그 자체만으로는
아무런 맛이 나지 않습니다.

b **잔에 타피오카펄 넣기**
준비한 잔에 타피오카펄을 넣습니다. 보통 밀크티 1잔
기준으로 타피오카펄의 양은 30~40g을 사용합니다.

c **얼음 넣기**
얼음은 취향에 따라 넣거나 빼도 됩니다. 얼음이 녹으며
메뉴의 맛이 변하는 것이 싫다면 과감히 생략하세요. 이때는
우유를 가능한 차갑게 보관해 사용하는 게 좋습니다.

d **차가운 우유 붓기**
300ml 잔을 기준으로 우유의 양은 70~150ml 사이로
잡습니다. 홍차나 우롱차 베이스의 밀크티라면 우린 차의
양을 늘리고, 가루녹차를 활용한 밀크티라면 우유의 양을
늘려 메뉴의 용량을 맞춥니다.

e **베이스 티 부어 완성하기**
마지막 단계에서 미리 우려 식힌 베이스 티를 붓습니다.
가루녹차로 베이스 티를 만들 때는 가루녹차에 소량의 물을
넣어 충분히 개어 사용합니다. 홍차는 100~150ml의 소량의
물에 4~6g의 차를 5분간 진하게 우려 넣습니다.

Ice Cube Milk Tea

진하게 우린 차를 얼린 아이스 큐브티로 만드는 밀크티입니다. 다양한
아이스몰드를 이용하면 특별한 비주얼의 밀크티를 만들 수 있지요.
우유 속에서 서서히 녹는 아이스 큐브티를 음미하는 메뉴로, 시간적인
여유가 있을 때 즐기기 좋습니다.

a 아이스 큐브용 베이스 티 만들기

얼린 베이스 티가 서서히 녹으면서 맛이 완성되므로 500ml
용량 기준으로 8~10g 차로 진하게 우립니다. 가루녹차
베이스라면 1.5배 정도 진하게 만듭니다. 시럽은 베이스 티를
얼릴 때 밑으로 가라앉아 분리되기 쉬우므로 나중에 따로
넣습니다.

b 아이스몰드에 베이스 티 붓기

얼음 틀의 재질에 따라 베이스 티의 온도를 달리해
넣습니다. 실리콘이라면 베이스 티를 식혀 넣고
플라스틱이라면 뜨거운 채로 바로 넣어도 됩니다. 얼면서
부피가 증가하니 조금 모자라게 넣어주세요.

c 단단하게 얼리기

-20℃ 정도의 냉동실에서 4~5시간 얼립니다. 시간마다
내용물을 조금씩 섞으면서 얼리면 아이스 큐브티의 색이
일정해집니다. 넉넉히 6시간 이후에 확인하세요.

d 큐브티 넣기

베이스 티가 냉동실에서 꽝꽝 얼면 아이스몰드에서
분리해 잔에 넣습니다. 아이스 큐브를 빨리 녹여 메뉴를
즐기려면 상온 우유를, 천천히 녹여 즐기고 싶다면 차가운
우유를 넣습니다. 시럽은 우유에 미리 넣어 섞은 후 아이스
큐브티가 들어 있는 잔에 붓는 것이 좋습니다.

층층이 컬러 쌓기의 기술

밀크티 레이어 만들기

SNS를 장식한 밀크티의 공통된 특징은 레이어입니다. 서로 다른 색의 액체가
차례로 쌓여 특별한 그라데이션을 이루지요. 이런 메뉴를 플로팅(Floating)
메뉴라고 부르는데 테크닉의 핵심은 액체의 밀도 차에 있습니다. 음료에서 밀도를
결정하는 성분이 바로 '당'입니다. 설탕의 함량에 따라 액체의 무게에 차이가 나는
것이지요. 이 원리로 3가지 타입의 플로팅 밀크티를 만들어봅니다.

Tiger Milk Tea

대한민국을 흑당 열풍으로 이끈 메뉴입니다. 흑당시럽과 우유가
만들어내는 비주얼이 특별하지요. 대만에서 시작된 이 메뉴는 티 없이
흑당시럽과 우유로만 만드는데 국내에 밀크티로 잘못 알려지면서
혼란을 일으켰지요. 비정제설탕인 흑당은 당밀 성분을 포함하고 있어
색이 검고 캐러멜 뉘앙스와 특유의 조청 같은 맛이 느껴집니다. 흑당을
이용한 시럽은 따로 다루었으니 흑당시럽을 참고하세요. **P240 참조**

a **잔 벽면에 흑당시럽 코팅하기**
준비한 잔의 안쪽 벽면에 흑당시럽을
코팅하듯이 바릅니다. 흑당시럽이 고루
발라져야 마블링이 잘 표현되어요.
흑당시럽의 점도도 중요하므로 집에서 만들
때는 반드시 점도를 높여주세요.

b **얼음과 밀크티 준비하기**
진하게 우려 식힌 차에 우유를 넣어
아이스 밀크티를 만듭니다. 이때 시럽은
생략해주세요. 컵 안의 흑당시럽이 단맛을
책임집니다.

c **얼음 넣고 밀크티 붓기**
흑당시럽으로 코팅한 잔에 준비해둔 얼음을
넣은 후 밀크티를 붓습니다. 이때 빠르게
부어야 잔 안쪽에 코팅한 흑당시럽이
밑으로 흘러내리지 않지요. 신속하게
작업해야 흑당의 마블링이 살아 있습니다.

27

Tea *Up* Milk *Down*

차와 우유의 무게를 따진다면 우유가 훨씬 무겁지요.
잔에 우유를 넣고 그 위에 차를 조심스럽게 부으면 두
액체의 밀도 차이로 차가 우유 위로 뜹니다. 당 성분을
추가해 우유의 밀도를 높여주는 게 포인트입니다.

a 시럽 넣기

준비한 잔에 시럽을 넣습니다. 시럽 외에 설탕, 꿀,
아가베시럽, 메이플시럽, 올리고당 등 다양한 감미료를
사용해도 좋습니다.

b 우유 붓기

우유를 부어 미리 넣어둔 감미료와 잘 섞어줍니다.
우유의 밀도를 올리는 작업입니다. 우유는 차보다
밀도가 높아 차를 조심히 따르면 그대로 쌓이지만
감미료를 이용하면 더욱 선명하게 레이어를 표현할 수
있어요.

c 얼음 넣기

잔에 얼음을 넣습니다. 플로팅 메뉴에 얼음을 넣고 그
위에 가벼운 질감의 액체를 부으면 얼음이 마치 바
스푼처럼 액체를 서서히 흐르게 하는 완충제 역할을
합니다.

d 식힌 차 조심히 따르기

진하게 우려 식힌 차를 천천히 넣고 마무리합니다.
메뉴를 응용하고 싶다면 식힌 차를 따른 뒤 우유 거품을
올리면 3단 레이어의 밀크티도 만들 수 있습니다.

 →  →  →  →

Milk *Up* Tea *Down*

앞서 언급한 우유가 아래에 있는 방법과 반대로
만들면 됩니다. 잔에 차를 먼저 넣고 당성분인 시럽을
넣어 차의 밀도를 높여줍니다. 그러면 마지막에
우유를 부어도 차가 위로 올라오거나 섞이지
않습니다.

a 시럽 넣기

준비한 컵에 시럽을 먼저 넣습니다. 시럽의 양이 많을수록
확실한 레이어가 생기지요. 보통 밀크티 1잔 기준 시럽은
30ml가 적당합니다. 이보다 많은 양의 시럽을 넣으면 보다
확실한 층을 낼 수 있습니다.

b 식힌 차 붓기

진하게 우려서 식힌 차를 시럽이 담긴 잔에 붓습니다. 차에
당 성분이 충분하지 않으면 차와 우유가 섞일 수 있습니다.

c 차와 시럽 섞기

스푼으로 차와 시럽을 잘 섞습니다. 제대로 섞지 않으면
차에 비해 무거운 시럽이 바닥으로 가라앉아 맛이 일정하지
않아요.

d 얼음 넣기

잔에 얼음을 넣습니다. 얼음이 싫다면 생략하세요. 다만
얼음을 넣지 않으면 차가운 느낌이 오래가지 않습니다.

e 우유 넣어 완성하기

우유는 조심스럽게 따르듯 넣어야 차와 우유의 레이어가
분리됩니다. 우유를 너무 급하게 따르면 레이어 사이에
중간층이 생기기 쉬워요.

PART 1

세계의 시그니처 밀크티

동양에서 약용으로 시작된 차(茶)는 티베트와 유럽을 거쳐
세계인이 즐기는 음료로 자리잡았습니다. 이 과정에서
탄생한 메뉴가 바로 '밀크티'이지요. 즐기는 방식도, 불리는
이름도 각기 다르지만 차에 우유를 섞어 마시는 방식은
같습니다. 대중적인 밀크티 베이스인 브렉퍼스트와
아쌈CTC로 만든 세계의 밀크티를 모았습니다.
동서양에서 즐기는, 이제는 각 나라의 시그니처 메뉴가 된
밀크티를 소개합니다.

WORLD MILK TEA

WORLD MILK TEA

Base 잉글리시 브렉퍼스트

HOT

영국식 밀크티 *by The United Kingdom*

영국식 밀크티는 메뉴가 아니라 즐기는 방식을 일컫습니다. 진하게 우린
홍차에 소량의 우유를 넣어 차를 부드럽게 즐기는 방식이지요. 오늘은 우유를
먼저 넣는 MIF(Milk in first) 방법으로 만들어봅니다. 쌉쌀한 홍차에 퍼지는
신선한 우유의 향을 느껴보세요. 우유의 향이 살아 있는 저온 살균한 우유를
추천합니다.

ASSEMBLE

Tea Base	잉글리시 브렉퍼스트 6g(티백 3개), 끓인 물 300ml
Milk Products	우유 100ml
Syrup	설탕 취향대로

RECIPE

a   브루잉 티포트에 뜨거운 물을 부어 예열한다.

b   ⓐ에 잉글리시 브렉퍼스트를 넣고 끓인 물 300ml를 부어 5분간
　　우린다.

c   서빙 티포트에 상온의 우유를 붓는다.

d   ⓒ에 차 거름망을 올려 찻잎을 걸러 따른다.

e   밀크티를 잘 저어 설탕을 넣어 완성한다.

TIP / **진한 브렉퍼스트를 사용**
영국식 밀크티는 진하게 우러나는 홍차로
만듭니다. 딜마, 믈레즈나, 포트넘앤메이
슨, 트와이닝 등의 브렉퍼스트가 적합합니
다. 요크셔골드, 요크셔레드도 잘 맞아요.

WORLD
MILK TEA

Base 브렉퍼스트+카다멈+정향

HOT

샤히 할리브 *by Yemen*

아라비아 반도의 예멘에서 즐기는 밀크티입니다. 차이 카락과 함께
서남아시아를 대표하는 밀크티이지요. 비주얼은 비슷해 보이지만 우유
대신 무가당 연유와 물을 넣어 맛은 전혀 다릅니다. 새로운 밀크티를
경험해보세요.

ASSEMBLE

Tea Base	브렉퍼스트 4g(티백 2개), 물 150ml, 카다멈 4알, 정향 1알
Milk Products	무가당 연유 50ml
Syrup	설탕 1작은술
Garnish	정향 약간

RECIPE

a   밀크팬에 물 150ml와 카다멈, 정향, 무가당 연유를 넣고 중불에서
　　서서히 끓인다.

b   끓기 시작하면 브렉퍼스트와 설탕을 넣고 약불로 줄여 천천히 우린다.

c   원하는 진하기가 되면 불을 끈다. 대략 2~3분이 적당하다.

d   예열한 잔에 차 거름망을 올려 찻잎을 걸러 따른다.

e   가니시용 정향으로 장식한다.

TIP / **무가당 연유 고르기**
이 메뉴의 포인트는 무가당 연유입니다. 국
내에서 구입 가능한 무가당 연유는 종류가
제한적이지요. 더치레이디 에바포레이티
드 밀크나 카네이션 에바포레이티드 밀크
를 추천합니다.

WORLD MILK TEA

Base 아쌈CTC+카다멈

HOT

차이 카락 *by Southwest Asia*

아랍에미레이트, 카타르, 쿠웨이트 등 서남아시아에서 즐겨 마시는
밀크티입니다. 중동 지역에서 일하던 인도계 노동자들에 의해 전해지기
시작했으며 '카락 차이'로도 불립니다. 향신료 믹스를 넣는 인도의
마살라차이와는 달리 카다멈이나 정향 1~2알 정도만 넣어 만듭니다.

ASSEMBLE

Tea Base	아쌈CTC 6g, 물 150ml, 카다멈 2알
Milk Products	우유 150ml
Syrup	설탕 2작은술
Garnish	카다멈 약간

RECIPE

a   밀크팬에 물 150ml를 넣고 끓인다.

b   물이 끓으면 카다멈을 으깨어 아쌈CTC와 함께 넣고 강불에서 진하게
우린다.

c   ⓑ에 우유와 설탕을 넣고 약불로 줄인다.

d   우유가 끓으면 불을 끄고 머그잔에 차 거름망을 올려 찻잎과 카다멈을
걸러 따른다.

e   다른 머그잔을 이용해 4~5번 낙차해 거품을 낸다.

f   예열한 잔에 따르고 가니시용 카다멈으로 장식한다.

TIP / **한 종류의 향신료만 사용**
인도 차이에서 영향을 받은 메뉴예요. 베
이스 티는 진하게 우러나는 아쌈CTC나 브
렉퍼스트를 추천합니다. 다양한 향신료가
아니라 단일 향신료인 카다멈만 약간 넣는
게 포인트입니다.

WORLD
MILK TEA

Base 브렉퍼스트+아쌈CTC

HOT

로얄밀크티 *by Japan*

국내에서도 사랑받는 일본식 밀크티 메뉴입니다. 인도의 차이처럼 차에
우유를 넣고 끓여 더욱 진하게 즐길 수 있지요. 기본적으로 우유와 물,
홍차, 설탕으로 만들지만 취향에 맞게 연유나 꿀 또는 다른 가향홍차를
넣어 만들기도 합니다.

ASSEMBLE

Tea Base	브렉퍼스트 2g(티백 1개), 아쌈CTC 4g, 물 150ml
Milk Products	우유 150ml
Syrup	설탕 2작은술

RECIPE

a   밀크팬에 물 150ml를 넣고 100℃까지 끓인다.

b   물이 끓으면 브렉퍼스트와 아쌈CTC를 넣고 강불에서 진하게 우린다.

c   ⓑ에 우유와 설탕을 넣고 약불로 줄여 서서히 저어가며 데운다.

d   예열한 잔에 차 거름망을 올려 찻잎을 걸러 따른다.

TIP / 우유와 물의 비율은 1:1
로얄 밀크티를 만들 때 우유와 물의 비율
은 1:1이 기본입니다. 하지만 저마다의 취
향에 맞춰 우유 양을 조절해도 좋습니다.
베이스 티도 브렉퍼스트나 아쌈CTC 중 한
가지로만 만들어도 상관없어요.

WORLD
MILK TEA

Base 아쌈CTC

HOT

두 파티 차이 *by Pakistan*

파키스탄에서 즐기는 차로 물 없이 홍차와 우유, 감미료로 만듭니다.
두(Doodh)는 우유, 파티(Patti)는 잎, 차이(Chai)는 차를 뜻해 '우유
잎차'라는 의미이지요. 파키스탄뿐만 아니라 인근 지역의 인도,
네팔에서도 즐기는 메뉴입니다. 진한 밀크티를 즐기는 분께 권합니다.

ASSEMBLE

Tea Base	아쌈CTC 6g
Milk Products	우유 250ml
Syrup	설탕 1작은술

RECIPE

a 밀크팬에 우유 250ml를 넣고 중불에서 서서히 끓인다.

b 우유가 서서히 끓기 시작하면 아쌈CTC와 설탕을 넣는다.

c 약불로 줄여 원하는 진하기가 될 때까지 저어가며 우린다.

d 예열한 잔에 차 거름망을 올려 찻잎을 걸러 따른다.

TIP / **여러 브랜드의 아쌈CTC 활용**
밀크티가 대중화되면서 아쌈CTC도 구하
기 쉬워졌어요. 프리미어스, 베티나르디,
아크바, 네이처티의 아쌈CTC로 이국적인
두 파티 차이를 직접 만들어보세요.

COOL

버블밀크티 *by Taiwan*

대만 버블밀크티는 흔히 버블티, 보바, 블랙펄티 등 다양한 이름으로 불리지요.
1984년 춘수당이라는 찻집에서 칵테일 세이크를 이용해 밀크티를 만들었는데
거품이 많이 생겨 버블밀크티라고 불렸답니다. 3년 후에는 버블밀크티에
타피오카펄을 넣으면서 지금의 버블밀크티가 완성됩니다.

ASSEMBLE

Tea Base	브렉퍼스트 6g(티백 3개), 끓인 물 150ml, 각얼음 가득
Milk Products	커피메이트 2작은술
Syrup	설탕 2작은술
Garnish	삶은 블랙 타피오카펄 30~40g **P245 참조**

RECIPE

a   머그잔에 뜨거운 물을 붓고 예열한다.

b   ⓐ에 브렉퍼스트와 끓인 물 150ml를 붓고 5분간 강하게 우린다.

c   ⓑ에 설탕을 넣고 섞은 후 차 거름망으로 찻잎을 거른다.

d   칵테일 쉐이커에 얼음을 반쯤 채우고 커피메이트를 넣는다.

e   ⓒ를 ⓓ에 붓고 뚜껑을 닫은 후 10~15초간 강하게 흔든다.

f   잔에 미리 삶아 준비한 블랙 타피오카펄과 얼음을 넣고 완성한 메뉴를
    따른다.

TIP 타피오카용 시럽 비율은 물 2 : 설탕 1

타피오카펄은 10분간 삶은 후 다시 10분
뜸들였다가 찬물로 헹궈 마무리합니다. 이
후 시럽으로 코팅하는데 이때 시럽의 농도
는 물 2 : 설탕 1이 적당합니다.

WORLD
MILK TEA

Base 브렉퍼스트

HOT & COOL

홍콩식 밀크티 *by Hongkong*

홍콩 사람들의 밀크티에 대한 애정은 상당합니다. 1920년대 영국식
에프터눈티가 보급되면서 중국인 입맛에 맞추어 우유 대신 연유나 농축우유를
넣어 홍콩식 밀크티가 완성되었지요. 차를 우리는 대신 기다란 천으로 된
티스트레이너에 여과해 베이스 티를 만드는데, 그 모양이 스타킹을 닮았다하여
'실크스타킹밀크티'라는 애칭으로도 불립니다.

ASSEMBLE

Tea Base	브렉퍼스트 10g(티백 5개)
	HOT 끓인 물 200ml **COOL** 끓인 물 200ml+각얼음 가득
Milk Products	무가당 연유 75ml
Syrup	설탕 2작은술

RECIPE

Hot
a 물을 100℃까지 끓인 후 융드립을 적신다.

b 융드립에 브렉퍼스트를 넣고 끓인 물 200ml를 붓는다.

c 여과한 차를 다시 융드립에 붓기를 4~5차례 반복해 차를 진하게 여과한다.

d 예열한 잔에 ⓒ와 설탕을 넣고 섞는다.

e 무가당 연유를 천천히 넣어 완성한다.

Cool
a 물을 100℃까지 끓인 후 융드립을 적신다.

b 융드립에 브렉퍼스트를 넣고 끓인 물 200ml를 붓는다.

c 여과한 차를 다시 융드립에 붓기를 4~5차례 반복해 차를 진하게 여과한다.

d ⓒ에 설탕을 넣고 섞어 상온까지 식힌다.

e 잔에 얼음을 가득 채우고 식힌 차를 붓는다.

f 무가당 연유를 천천히 넣어 완성한다.

TIP │ **립톤 옐로우라벨 홍차도 추천**
홍콩의 대중적인 홍차인 립톤 옐로우 라벨을
브렉퍼스트 대용으로 사용해도 좋습니다. 진한
홍콩 밀크티를 맛보고 싶다면 홍차의 양을 늘
려주세요. 차의 양을 늘릴수록 그 맛도 좋아집
니다.

WORLD
MILK TEA

Base 브렉퍼스트

46

HOT & COOL

원앙차 *by Hongkong*

홍콩식 밀크티에 커피를 넣어 만듭니다. 흔히 '홍콩식 밀크티'라 불리지만
엄밀히는 그중 하나의 메뉴이지요. 말레이시아 음료인 '코피 참(Kopi Cham)'의
홍콩식 버전이라 할 수 있습니다. 차와 커피가 잘 어울린다 하여 금술 좋은
원앙의 이름을 따서 만들어진 이름입니다.

ASSEMBLE

Tea Base	브렉퍼스트 10g(티백 5개), 에스프레소 30ml
	HOT 끓인 물 200ml COOL 끓인 물 200ml+각얼음 가득
Milk Products	무가당 연유 75ml
Syrup	설탕 2작은술

RECIPE

Hot

a   물을 100℃까지 끓인 후 융드립을 적신다.

b   융드립에 브렉퍼스트를 넣고 끓인 물 200ml를 붓는다.

c   여과한 차를 다시 융드립에 붓기를 4~5차례 반복해 차를 진하게 여과한다.

d   예열한 잔에 ⓒ와 설탕, 에스프레소를 넣어 섞는다.

e   무가당 연유를 천천히 넣어 완성한다.

Cool

a   물을 100℃까지 끓인 후 융드립을 적신다.

b   융드립에 브렉퍼스트를 넣고 끓인 물 200ml를 붓는다.

c   여과한 차를 다시 융드립에 붓기를 4~5차례 반복해 차를 진하게 여과한다.

d   ⓒ에 설탕, 에스프레소를 넣고 저은 후 상온까지 식힌다.

e   잔에 얼음을 가득 채우고 식힌 차를 붓는다.

f   무가당 연유를 천천히 넣어 완성한다.

TIP 인스턴트커피도 활용 가능

원앙차에 넣는 커피는 반드시 에스프레소를 고
집할 필요는 없습니다. 집에 있는 아메리카노용
인스턴트커피를 넣어도 맛에 큰 차이가 나지
않아요.

Base 타이티믹스

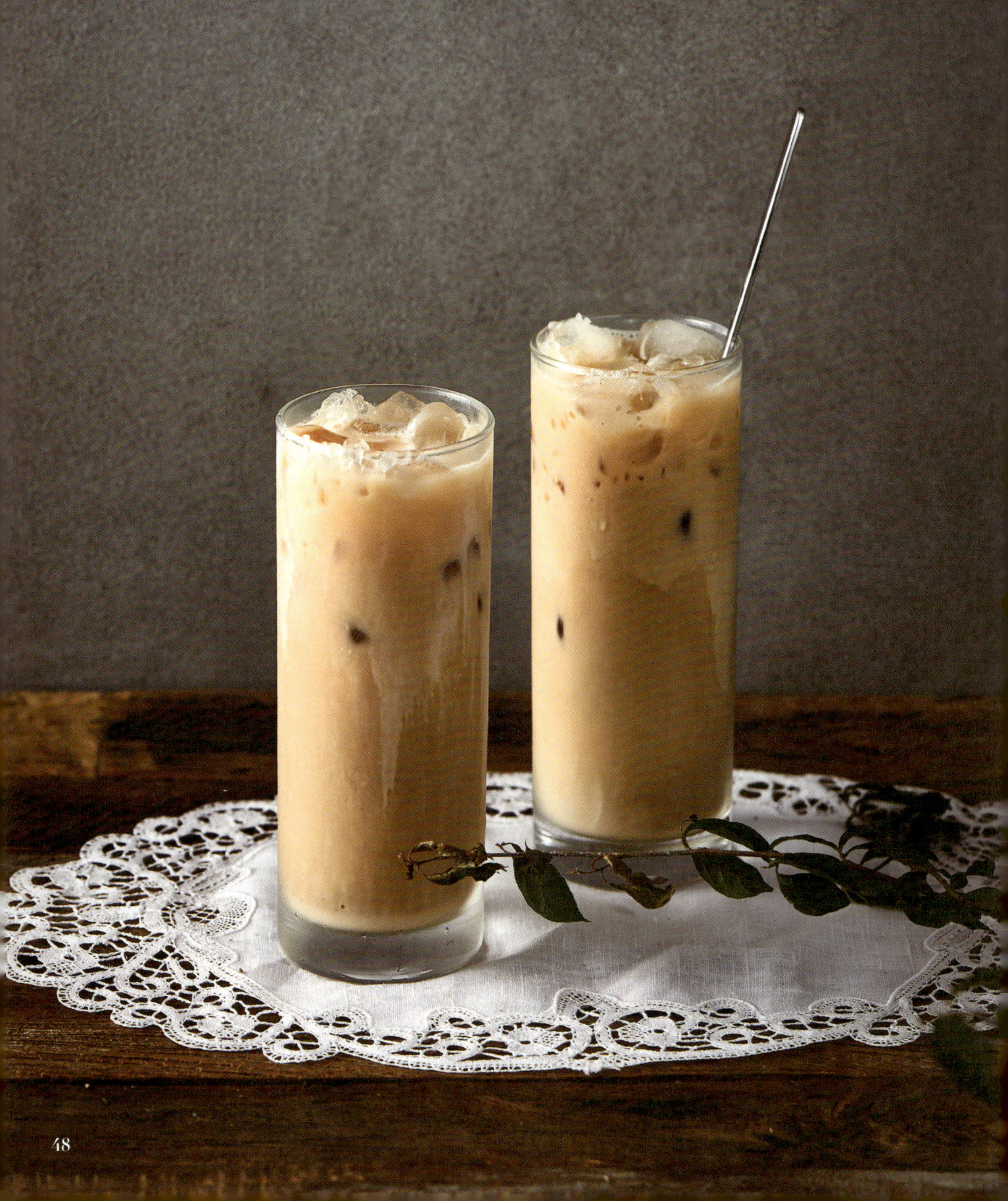

COOL

차 옌 *by Thailand*

태국의 음식점, 노점상, 카페 등 어디서나 접하기 쉬운 태국식 아이스
밀크티입니다. 타이티믹스 베이스에 우유가 아닌 연유와 무가당 연유로
만드는 게 특징이지요. 홍차에 다양한 향신료가 들어 있는 타이티믹스로
만들어 특유의 달달한 향을 느낄 수 있습니다.

ASSEMBLE

Tea Base	타이티믹스(차트라뮤) 10g, 끓인 물 200ml, 각얼음 가득
Milk Products	연유 30ml, 무가당 연유 45ml
Syrup	설탕 2작은술

RECIPE

a   밀크팬에 타이티믹스와 끓인 물 200ml를 넣고 약불로 5분간 끓이면서
베이스 티를 진하게 우린다.

b   머그잔에 차 거름망을 올려 진하게 우린 차를 붓는다.

c   ⓑ에 연유와 설탕을 넣고 섞는다.

d   잔에 얼음을 가득 채우고 ⓒ를 붓는다.

e   무가당 연유를 부어 완성한다.

TIP / 반드시 타이티믹스를 사용
차 옌을 만들 때는 반드시 타이티믹스를
사용해야 합니다. 태국의 대표적인 브랜드
인 차트라뮤의 제품이 적당해요. 종종 수
입품 중 식용색소가 빠진 제품들도 있으니
잘 살펴보고 구입하세요.

WORLD
MILK TEA

Base 아쌈CTC

HOT

마살라차이 *by India*

인도의 대표적인 밀크티 메뉴입니다. '마살라'는 향신료를 지칭하고 '차이'는 티를
뜻하지요. 인도에서는 1835년 아쌈 지방에서 홍차가 생산되면서 홍차에 우유와
향신료, 감미료를 넣은 레시피가 등장했습니다. 이후 1960년대 들어 기계를
이용한 CTC 공법이 도입되면서 대중적인 음료가 되지요. 현재 '차이티라떼'라는
이름으로 세계인이 즐기는 메뉴로 자리잡았습니다.

ASSEMBLE

Tea Base	아쌈CTC 6g, 물 150ml
Milk Products	우유 150ml
Syrup	마살라믹스 1/4작은술, 설탕 2작은술
Garnish	스타아니스 1개

RECIPE

a   밀크팬에 물 150ml를 붓고 100℃까지 끓인다.

b   물이 끓으면 아쌈CTC를 넣고 강불에서 진하게 우린다.

c   ⓑ에 우유와 마살라믹스, 설탕을 넣고 약불에서 서서히 젓는다.

d   우유가 끓으면 불을 끄고 머그잔에 차 거름망을 올려 ⓒ를 따른다.

e   다른 머그잔 이용해 4~5번 낙차해 거품을 낸다.

f   예열한 잔에 따르고 스타아니스를 장식으로 띄운다.

TIP 향신료 우린 물로 마살라믹스 대체 가능
마살라믹스가 없다면 원하는 향신료를 미
리 우려서 사용하세요. 향신료를 우린 물에
아쌈CTC를 넣고 만들면 되지요. 아쌈CTC
는 프리미어스, 베티나르디, 아크바, 네이
처티의 제품을 추천합니다.

PART 2

홍차로 만드는 밀크티

밀크티의 시작은 홍차입니다. 6대 차 중에 가장
늦게 개발되었지만 세계에서 가장 많이 소비되는
차이기도 하지요. 진한 맛과 강한 향으로 유럽에서
특히 각광받은 홍차는 차에 우유를 첨가해
마시면서 일상적인 음료로 자리잡게 됩니다.
스트레이트 티, 블렌디드 티, 가향홍차…
어떤 홍차든 진하게 우리면 밀크티를 만들 수
있습니다. 진한 홍차와 우유를 준비하세요!
홍차 밀크티 수업을 시작합니다.

핵심은 '홍차의 진하기'

맛있는 밀크티의 핵심은 차의 진하기입니다. 그래야 우유를
넣어도 홍차의 맛이 살아 있지요. 브로큰 오렌지페코나 패닝
등급의 홍차를 활용하면 짧은 시간동안 진한 베이스 티를 만들 수
있습니다.

브렉퍼스트 or 아쌈CTC

밀크티를 만들 때 즐겨 사용되는 홍차는 브렉퍼스트와 CTC
공정(Cut, Tear, Curl)을 거친 인도 아쌈 홍차입니다. 브렉퍼스트
홍차는 진하게 우려 우유를 섞지만 아쌈CTC는 물과 함께 끓여
더욱 진하게 홍차의 맛을 끌어올린 후에 우유를 붓지요. 둘 다
절대적인 방법은 아니니 취향에 따라 바꿔도 좋습니다.

스트레이트티보다 2~3배 차가 필요

밀크티 1잔에 필요한 홍차의 양은 대략 6g입니다. 1잔 기준(핫
메뉴 티포트 1개분)으로 2~3g의 홍차가 들어가는 스트레이트
티와 비교한다면 2~3배가 필요합니다. 티백을 사용한다면
2~3개를 넣습니다. 잎차와 티백을 섞어 만들 수도 있는데 이때는
원하는 비율로 밀크티를 만들면 됩니다. 보통 잎차 2 : 티백 1
혹은 잎차 1 : 티백 2로 비율을 잡습니다.

BLACK TEA + MILK

홍차 밀크티에
어울리는 티 블렌딩

밀크티의 핵심은 베이스 티에 있습니다.
베이스 티의 구성에 따라 밀크티의
맛과 느낌도 달라지요. 기본 베이스인
브렉퍼스트와 아쌈CTC에 각양각색의
홍차를 블렌딩해보세요. 나만의 밀크티용
베이스 티를 만들 수 있습니다.

 브렉퍼스트 + ♂

차 맛이 진한 브렉퍼스트는 밀크티에 즐겨 쓰이는 베이스
티입니다. 그중에서도 스리랑카의 실론티를 블렌딩한
잉글리시 브렉퍼스트가 대중적이지요. 브렉퍼스트에
단일지역의 차나 가향홍차를 블렌딩할 때는 브렉퍼스트를
전체 차 양의 30% 미만으로 넣어주세요. 차의 진하기를
보완하는 정도로만 사용해야 단일지역 차가 지닌 섬세한
향을 살릴 수 있습니다. 다즐링, 기문, 정산소종, 전홍처럼
강한 캐릭터의 차가 브렉퍼스트와 블렌딩하기 좋습니다.

아쌈CTC + ♂

빠른 시간에 진하게 우러나는 아쌈CTC는 밀크티에
최적화된 차입니다. 인도 단일지역에서 재배되어 아쌈
특유의 몰트 향이 지배적이지요. 브렉퍼스트 베이스의
밀크티가 진하고 산뜻하다면 아쌈CTC 베이스의 밀크티는
상대적으로 묵직한 느낌을 줍니다. 그런 까닭에 다른 차에
아쌈CTC를 블렌딩할 때는 전체 차 양의 30% 미만으로
서브 티로 사용해야 합니다. 바닐라, 캐러멜, 초콜릿,
메이플향의 가향홍차와도 잘 어울립니다

브렉퍼스트 + 아쌈CTC + ♂

진하고 깊은 밀크티를 맛보고 싶을 때는 브렉퍼스트와
아쌈CTC를 블렌딩합니다. 대다수 브렉퍼스트의 베이스인
실론티의 산뜻한 향과 묵직한 아쌈티의 바디감이
어우러져 밀크티의 맛을 한층 깊게 만들어줍니다. 산뜻한
느낌의 진한 밀크티를 원한다면 브렉퍼스트의 양을
늘리고, 깔끔하고 묵직한 느낌의 밀크티를 원한다면
아쌈CTC의 양을 늘려주세요.

홍차 밀크티에 어울리는 부재료

베이스 티가 밀크티의 기본 캐릭터를 표현한다면 그밖의 부재료들은 밀크티에
개성을 부여합니다. 초콜릿, 캐러멜, 바닐라, 브랜디, 다크럼, 마스카포네치즈처럼
우유와 잘 어울리는 재료를 이용하면 좋습니다.

초콜릿

카카오 열매인 카카오 빈 추출물로 만든 초콜릿은 소스, 파우더, 시럽 등 여러 형태로 음료에 활용합니다. 그중 액체 상태가 사용하기 수월하지요. 다크, 밀크, 화이트 등 메뉴별로 골라 쓰세요.

캐러멜

설탕을 가열하여 분자구조를 변형시켜 만든 감미료입니다. 버터, 생크림, 우유 등을 추가해 다양한 제품들로 나오지요. 소량을 사용하되 맛보다는 캐러멜 자체의 풍미를 살리는 게 포인트입니다.

바닐라

난초과에 속하는 식물의 열매로 흔히 바닐라빈으로 불리는 향신료를 뜻합니다. 달콤하고 부드러운 향으로 밀크티의 풍미를 세련되게 만들어주지요. 에센스나 시럽으로 만들어 사용하세요.

브랜디

과실향이 농축되어 있는 브랜디는 소량만 넣어도 고급스러운 향을 내지요. 35~60°까지 도수가 높아 양이 많아지면 칵테일이 될 수 있으니 주의하세요. 밀크티 1잔 기준, 10ml가 적당합니다.

다크럼

그을린 오크통에서 숙성시킨 럼을 말합니다. 바닐라나 캐러멜 뉘앙스의 깊은 아로마가 특징이지요. 밀크티에 첨가하면 묵직하면서도 달콤한 메뉴를 만들 수 있습니다. 밀크티 1잔 기준, 10ml가 적당합니다.

시트러스 필

시트러스의 과일 껍질을 이용하면 상큼한 맛과 향의 메뉴를 만들 수 있습니다. 시트러스 과일 껍질 안에 들어 있는 오일 성분이 메뉴의 향을 산뜻하게 만들지요. 제스트로 만들어 사용해도 좋아요.

견과류

땅콩, 아몬드, 마카다미아, 캐슈너트, 호두, 피스타치오, 헤이즐넛 등 종류별로 향이 달라 밀크티 각각의 캐릭터를 살려줍니다. 견과류 시럽 제품을 활용하면 손쉽게 스페셜 메뉴를 만들 수 있어요.

크림

우유에서 분리한 유지방 성분으로 밀크티에 활용하기 좋지요. 우유보다 유지방 맛이 진해 밀크티의 바디감을 올려줍니다. 크림에 다양한 재료를 더하면 색다른 밀크티로의 변신이 가능합니다.

CLASSIC MILK TEA

Base 얼그레이티+브렉퍼스트

얼그레이밀크티

최초의 가향홍차인 얼그레이티는 기문, 정산소종, 실론티에 시트러스과 열매인 베르가못의 오일을 입혀 만들지요. 특유의 시트러스 향이 홍차와 어우러져 향기롭습니다. 얼그레이티에 브렉퍼스트를 적절히 블렌딩하면 은은하고 진한 밀크티를 만들 수 있습니다.

ASSEMBLE

Tea Base	얼그레이티 3g, 브렉퍼스트 3g, 끓인 물 300ml
Milk Products	우유 100ml
Syrup	설탕 취향대로

RECIPE

a   브루잉 티포트에 뜨거운 물을 부어 예열한다.

b   ⓐ에 얼그레이티와 브렉퍼스트를 넣고 끓인 물 300ml를 부어 5분간 진하게 우린다.

c   서빙 티포트에 상온의 우유를 붓는다.

d   ⓒ에 차 거름망을 올려 우린 차의 찻잎을 걸러 따른다.

e   예열한 잔에 따르고 설탕을 넣어 완성한다.

TIP / **향의 강도에 따라 골라 사용**
홍차에 가향된 베르가못 오일의 양에 따라 얼그레이티의 향의 강도도 달라집니다. 강한 향의 얼그레이밀크티를 원한다면 딜마, 포트넘앤메이슨, 스티븐 스미스 티메이커, 리쉬티, 트와이닝의 제품을 권합니다.

CLASSIC
MILK TEA

Base 라즈베리가향홍차+브렉퍼스트

HOT & COOL

라즈베리밀크티

라즈베리향이 감도는 밀크티를 만들었습니다. 라즈베리향을 강하게 느끼고
싶다면 소량의 라즈베리시럽을 활용하세요. 차를 우릴 때 라즈베리를 함께
넣고 우려도 좋습니다. 이때 라즈베리는 밀크티 1잔 기준(핫 메뉴 티포트 1개분)
3~4개가 적당합니다.

ASSEMBLE

Tea Base	라즈베리가향홍차 티백 2개, 브렉퍼스트 2g(티백 1개)
	HOT 끓인 물 300ml COOL 끓인 물 150ml+각얼음 가득
Milk Products	우유 100ml
Syrup	설탕 취향대로
Garnish	건조 라즈베리 약간

RECIPE

Hot

a 브루잉 티포트에 뜨거운 물을 부어 예열한다.

b ⓐ에 라즈베리가향홍차 티백과 브렉퍼스트를 넣고 끓인 물 300ml를 부어
5분간 진하게 우린다.

c 서빙 티포트에 상온의 우유를 붓는다.

d ⓒ에 차 거름망을 올려 우린 차의 찻잎을 걸러 따른다.

e 밀크티를 젓고 설탕을 넣어 섞는다.

f 예열한 잔에 따르고 건조 라즈베리를 뿌려 장식한다.

Cool

a 브루잉 티포트에 뜨거운 물을 부어 예열한다.

b ⓐ에 라즈베리가향홍차 티백과 브렉퍼스트를 넣고 끓인 물 150ml를 부어
5분간 진하게 우린다.

c 우린 차에 설탕을 넣어 섞는다.

d 잔에 얼음을 가득 채우고 차 거름망을 올려 ⓒ를 따른다.

e 차가운 우유를 붓고 건조 라즈베리를 뿌려 장식한다.

CLASSIC MILK TEA

Base 사과가향홍차+브렉퍼스트

COOL

애플밀크티

프레시한 사과향은 홍차와도 잘 어울리지요. 사과가향홍차로 밀크티를 만들어
약간의 사과 슬라이스로 가니시했습니다. 홍차에서 맴도는 사과향과 가니시로
올린 사과향이 어우러져 밀크티의 풍미를 더해줍니다.

ASSEMBLE

Tea Base	사과가향홍차 티백 2개, 브렉퍼스트 2g(티백 1개), 끓인 물 150ml, 각얼음 가득
Milk Products	우유 100ml
Syrup	설탕 취향대로
Garnish	사과 슬라이스 5개

RECIPE

a 브루잉 티포트에 뜨거운 물을 부어 예열한다.

b ⓐ에 사과가향홍차 티백과 브렉퍼스트를 넣고 끓인 물 150ml를 부어
5분간 진하게 우린다.

c 우린 차에 설탕을 넣어 섞는다.

d 잔에 얼음을 가득 채우고 차 거름망을 올려 ⓒ를 따른다.

e 차가운 우유를 붓고 준비한 사과 슬라이스를 올려 장식한다.

TIP / 브랜드별 향도 각기 달라
딜마, 믈레즈나, 아마드, 자넷 포숑 등 브랜드마
다 가향한 사과의 향이 조금씩 다르니 미리 체크
하세요. 진한 청사과향의 딜마 애플티도 애플밀
크티 베이스로 추천합니다.

CLASSIC
MILK TEA

Base 메이플가향홍차+브렉퍼스트

COOL

메이플밀크티

진한 메이플향의 홍차는 우유와의 어울림이 좋아 오래 전부터 많은 홍차
애호가들이 밀크티로 즐겨왔지요. 국내에서는 접하기가 쉽지 않아 종종
메이플가향홍차 대신 메이플시럽을 활용하기도 합니다. 가니시 없이
심플하게 즐기길 권합니다.

ASSEMBLE

Tea Base	블레즈나 메이플가향홍차 티백 2개, 브렉퍼스트 2g(티백 1개), 끓인 물 150ml, 각얼음 가득
Milk Products	우유 100ml
Syrup	설탕 취향대로

RECIPE

a   브루잉 티포트에 뜨거운 물을 부어 예열한다.

b   ⓐ에 메이플가향홍차 티백과 브렉퍼스트를 넣고 끓인 물 150ml를 부어
5분간 진하게 우린다.

c   우린 차에 설탕을 넣어 섞는다.

d   잔에 얼음을 가득 채우고 차거름망을 올려 ⓒ를 따른다.

e   차가운 우유를 부어 밀크티를 완성한다.

TIP   메이플 홍차가 없을 때는 시럽 활용
기본적인 홍차에 메이플시럽을 추가해도 메이플
향이 맴도는 밀크티를 만들 수 있습니다. 메이플
시럽은 단맛이 강하므로 소량만 넣으세요.

CLASSIC
MILK TEA

Base 브렉퍼스트+카카오닙스

카카오밀크티

홍차에 카카오닙스를 블렌딩해 초콜릿향의 밀크티를 만들어보세요. 밀크티에
넣는 카카오닙스는 베이킹용을 추천합니다. 강한 향으로 홍차와 블렌딩해
우유와 섞어도 진한 초콜릿향이 남아 있습니다.

ASSEMBLE

Tea Base	브렉퍼스트 6g(티백 3개), 카카오닙스 1작은술
	HOT 끓인 물 300ml COOL 끓인 물 150ml+각얼음 가득
Milk Products	우유 100ml
Syrup	설탕 취향대로
Garnish	카카오닙스파우더 약간

RECIPE

Hot

a 브루잉 티포트에 뜨거운 물을 부어 예열한다.

b ⓐ에 브렉퍼스트와 카카오닙스를 넣고 끓인 물 300ml를 부어 5분간
진하게 우린다.

c 서빙 티포트에 상온의 우유를 붓는다.

d ⓒ에 차 거름망을 올려 우린 차의 찻잎을 걸러 따른다.

e 밀크티를 저은 후 설탕을 넣고 섞는다.

f 예열한 잔에 따르고 카카오닙스파우더를 뿌려 장식한다.

Cool

a 브루잉 티포트에 뜨거운 물을 부어 예열한다.

b ⓐ에 브렉퍼스트와 카카오닙스를 넣고 끓인 물 150ml를 부어 5분간
진하게 우린다.

c 우린 차에 설탕을 넣어 섞는다.

d 잔에 얼음을 가득 채우고 차 거름망을 올려 ⓒ를 따른다.

e 차가운 우유를 붓고 카카오닙스파우더를 뿌려 장식한다.

CLASSIC
MILK TEA

Base 장미가향홍차+브렉퍼스트

HOT

로즈밀크티

장미향 가득한 밀크티입니다. 가향홍차로 밀크티를 만들 때는 홍차의
진하기를 보완해야 하지요. 밀크티의 기본 베이스 티로 꼽히는
브렉퍼스트와의 블렌딩을 권합니다. 진한 홍차 맛에 장미향이 그윽하게
맴도는 밀크티를 즐겨보세요.

ASSEMBLE

Tea Base	장미가향홍차 3g, 브랙퍼스트 3g, 끓인 물 300ml
Milk Products	우유 100ml
Syrup	설탕 취향대로
Garnish	로즈페탈 약간

RECIPE

a 브루잉 티포트에 뜨거운 물을 부어 예열한다.

b ⓐ에 장미가향홍차와 브랙퍼스트를 넣고 끓인 물 300ml를 부어 5분간
베이스 차를 우린다.

c 서빙 티포트에 상온의 우유를 붓는다.

d ⓒ에 차 거름망을 올려 우린 차의 찻잎을 걸러 따른다.

e 예열한 잔에 따르고 설탕을 넣어 섞는다.

f 메뉴 위에 로즈페탈을 뿌려 장식한다.

TIP 〉 **강한 타입의 향을 선택**
장미가향홍차는 강한 타입의 차를 선택해야 합
니다. 우유와 홍차가 섞이면 의외로 향이 잘 느껴
지지 않기 때문이지요. 딜마의 로즈 위드 프렌치
바닐라, 믈레즈나의 로즈, 니나스의 마리 앙트와
네트, 위타드의 잉글리시 로즈 등을 추천합니다.

CLASSIC
MILK TEA

Base 브렉퍼스트

바닐라밀크티

가향홍차 대신 바닐라에센스와 바닐라빈으로 만든 밀크티입니다. 다소 고가이지만
기본 홍차에 바닐라빈을 넣으면 가향홍차에 비해 강한 바닐라향을 낼 수 있지요.
바닐라에센스로 맛에도 변화를 주세요.

ASSEMBLE

Tea Base	브렉퍼스트 6g(티백 3개)
	HOT 끓인 물 300ml **COOL** 끓인 물 150ml+각얼음 가득
Milk Products	우유 100ml
Syrup	바닐라에센스 1/4작은술, 설탕 취향대로
Garnish	바닐라빈 1줄

RECIPE

Hot

a   브루잉 티포트에 뜨거운 물을 부어 예열한다.

b   ⓐ에 브랙퍼스트를 넣고 끓인 물 300ml를 부어 5분간 진하게 우린다.

c   서빙 티포트에 상온의 우유를 붓는다.

d   ⓒ에 차 거름망을 올려 우린 차의 찻잎을 걸러 따른다.

e   밀크티를 저은 후 바닐라에센스와 설탕을 넣어 섞는다.

f   잔에 따르고 바닐라빈을 꽂아 장식한다.

Cool

a   브루잉 티포트에 뜨거운 물을 부어 예열한다.

b   ⓐ에 브렉퍼스트를 넣고 끓인 물 150ml를 부어 5분간 진하게 우린다.

c   우린 차에 바닐라에센스와 설탕을 넣어 섞는다.

d   잔에 얼음을 가득 채우고 차 거름망을 올려 ⓒ를 따른다.

e   차가운 우유를 붓고 바닐라빈을 꽂아 장식한다.

VARIATION
MILK TEA

Base
브렉퍼스트+아쌈CTC

COOL

보틀밀크티

대한민국을 강타한 병입 밀크티입니다. 브렉퍼스트와 아쌈CTC를
이용해 기존의 냉침법과는 다른 병입용 밀크티 레시피를 준비했습니다.
진하고 맛있는 밀크티를 색다르게 즐겨보세요. 적정량을 만들어 빠르게
드시길 권합니다.

ASSEMBLE 500ml 기준

Tea Base	브렉퍼스트 4g(티백 2개), 아쌈CTC 8g, 물 350ml
Milk Products	우유 200ml, 연유 20ml
Syrup	설탕 2큰술, 소금 두 꼬집

RECIPE

a 밀크팬에 물 350ml를 붓고 100℃까지 끓인다.

b 물이 끓으면 브렉퍼스트와 아쌈CTC를 넣고 강불에서 진하게 우린다.

c 차가 진하게 우러나면 불을 끄고 차 거름망으로 찻잎을 걸러 500ml
계량컵에 담는다.

d ⓒ에 연유와 설탕, 소금을 넣고 저어 섞는다.

e 우유를 부어 섞은 후 소독한 유리병에 담는다.

f 유리병 뚜껑을 닫고 냉장고에서 12시간 냉장숙성시켜 완성한다.

TIP **짧은 유통기간 고려해야**
병입 밀크티의 경우 유통기한이 상당히 짧으
니 만든 후에는 가능한 빠른 시간 내에 소진하
세요. 여러 가지 가향홍차와 블렌딩해 만들어도
좋아요.

VARIATION MILK TEA

Base
브렉퍼스트+아쌈CTC

COOL

바닐라아이스크림플로트밀크티

바닐라아이스크림을 띄운 아이스 밀크티입니다. 아이스크림을 넣어 만드는
플로트 메뉴는 아이스크림이 녹으면서 맛이 진해시는 특싱이 있지요. 서서히 녹는
바닐라아이스크림 사이로 홍차의 맛과 향을 음미하세요.

ASSEMBLE

Tea Base	브렉퍼스트 2g(티백 1개), 아쌈CTC 4g, 물 150ml
Milk Products	우유 75ml, 바닐라아이스크림 3스쿱(160~175g)
Syrup	시럽 10ml

RECIPE

a   밀크팬에 물 150ml를 붓고 100℃까지 끓인다.

b   물이 끓으면 브렉퍼스트와 아쌈CTC를 넣고 강불에서 진하게 우린다.

c   차가 진하게 우러나면 불을 끄고 차 거름망으로 찻잎을 걸러 상온까지
식힌다.

d   잔에 차가운 우유와 시럽을 넣어 섞은 후 바닐라아이스크림을 넣는다.

e   잔 한쪽으로 식힌 차를 조심히 붓는다.

TIP   웨딩 임페이얼 홍차도 추천
기본 홍차 외에 과일가향홍차도 아이스크림과 잘
어울리지요. 바닐라, 캐러멜, 초코향이 나는 마리
아주 프레르의 웨딩 임페리얼은 바닐라아이스크
림의 향과 궁합이 좋습니다.

VARIATION MILK TEA

Base
아쌈CTC

누텔라밀크티

헤이즐넛초코 스프레드인 누텔라로 만든 초콜릿밀크티입니다. 약간의
누텔라만으로도 카카오 버터와 카카오파우더, 구운 헤이즐넛의 풍미를 제대로 즐길
수 있답니다. 마성의 누텔라로 새로운 밀크티의 세계로 빠져보세요. 볶은 헤이즐넛
분태를 가니시로 활용하면 비주얼도 색달라요.

ASSEMBLE

Tea Base	아쌈CTC 6g, 물 150ml, 각얼음 가득
Milk Products	우유 100ml, 연유 10ml
Syrup	시럽 10ml, 누텔라 1작은술, 소금 한 꼬집
Garnish	누텔라 1/2작은술, 볶은 헤이즐넛 분태 약간

RECIPE

a   밀크팬에 물 150ml를 붓고 100℃까지 끓인다.

b   물이 끓으면 아쌈CTC를 넣고 강불에서 진하게 우린다.

c   차가 진하게 우러나면 불을 끄고 차 거름망으로 찻잎을 거른다.

d   잔 위쪽 테두리에 누텔라 1/2작은술을 얇게 바른 후 볶은 헤이즐넛 분태를
그 위에 붙인다.

e   잔에 연유와 시럽, 누텔라, 소금을 넣고 잘 섞는다.

f   우린 차를 따라 섞은 후 얼음을 채우고 차가운 우유를 부어 마무리한다.

TIP   **입맛에 따라 누텔라와 시럽의 양 조절**
누텔라는 당도가 상당히 높지요. 단맛을 즐기지
않거나 덜 달게 만들고 싶다면 시럽을 빼고 누텔
라의 양도 줄여서 만드세요. 마일드한 누텔라밀
크티가 완성됩니다.

COOL

바나나밀크티

마치 바나나 우유를 마시는 듯한 기분이 드는 메뉴입니다. 믈레즈나의 바나나가향홍차를 베이스 티로 삼아 밀크티를 만들어 칵테일 픽에 바나나 슬라이스를 끼워냈지요. 한 잔의 칵테일 같아요.

ASSEMBLE

Tea Base	바나나가향홍차 4g(티백 2개), 브렉퍼스트 2g(티백 1개), 끓인 물 150ml, 각얼음 가득
Milk Products	우유 100ml
Syrup	설탕 취향대로
Garnish	바나나 슬라이스 3~4개

RECIPE

a   브루잉 티포트에 뜨거운 물을 부어 예열한다.

b   ⓐ에 바나나가향홍차와 브렉퍼스트를 넣고 끓인 물 150ml를 부어 5분간 진하게 우린다.

c   우린 차에 설탕을 넣어 짓는다.

d   잔에 얼음을 가득 채우고 차 거름망을 올려 ⓒ를 따른다.

e   차가운 우유를 붓고 바나나 슬라이스를 칵테일 픽에 끼워 잔 위에 걸친다.

TIP／ 바나나 슬라이스로 향 내기
바나나가향홍차를 구하기 어렵다면 바나나를 활용하세요. 홍차를 우릴 때 바나나 슬라이스를 함께 넣으면 차의 열기에 바나나의 향이 그대로 우러나와 가향 효과를 낼 수 있습니다.

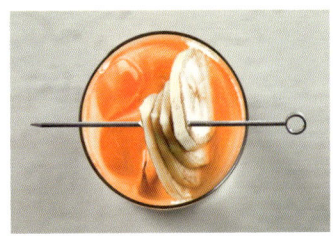

VARIATION
MILK TEA

Base
실론티+레몬가향홍차
+펜넬씨드

펜넬허니레몬밀크티

향이 강한 펜넬은 주로 서양에서 생선요리에 즐겨 쓰는 허브이지요.
강한 향 이면에 달콤한 향이 있어 레몬가향홍차와의 밸런스도 좋답니다.
달달하면서도 상큼한 향의 밀크티를 만들어보세요. 레몬가향홍차를 우릴 때
레몬 제스트를 함께 넣으면 더 상큼해져요.

ASSEMBLE

Tea Base	실론티 4g(티백 2개), 레몬가향홍차 2g(티백 1개), 펜넬씨드 1/4작은술 **HOT** 끓인 물 300ml **COOL** 끓인 물 150ml+각얼음 가득
Milk Products	우유 80ml
Syrup	시럽 15ml
Garnish	레몬 제스트 약간

RECIPE

Hot

a 브루잉 티포트에 뜨거운 물을 부어 예열한다.

b ⓐ에 실론티와 레몬가향홍차, 펜넬씨드를 넣고 끓인 물 300ml를 부어
5분간 진하게 우린다.

c 예열한 잔에 시럽을 넣은 후 차 거름망을 올려 ⓑ를 따른다.

d 우유를 적당한 온도로 데워 붓고 레몬 제스트를 뿌려 마무리한다.

Cool

a 브루잉 티포트에 뜨거운 물을 부어 예열한다.

b ⓐ에 실론티와 레몬가향홍차, 펜넬씨드를 넣고 끓인 물 150ml를 부어
5분간 진하게 우린다.

c 잔에 시럽을 넣고 얼음을 가득 채운다.

d ⓒ에 차 거름망을 올려 ⓑ를 따른다.

e 차가운 우유를 붓고 레몬 제스트를 올려 마무리한다.

COOL

흑당블랙펄밀크티

큰 인기를 모으는 흑당시럽과 블랙 타피오카펄을 이용한 버블밀크티입니다.
흑당은 당밀을 포함한 비정제 설탕으로 쉽게 구할 수 있는 마스코바도
설탕을 이용하면 됩니다. 흑당의 달달한 캐러멜 뉘앙스와 타피오카펄의
쫀득함을 동시에 즐겨요.

ASSEMBLE

Tea Base   브렉퍼스트 2g(티백 1개), 아쌈CTC 4g, 물 150ml, 각얼음 가득
Milk Products   우유 100ml
Syrup   흑당시럽 30ml P240 참조 , 소금 한 꼬집
Garnish   삶은 블랙 타피오카펄 30g P245 참조

RECIPE

a   밀크팬에 물 150ml를 붓고 100℃까지 끓인다.

b   물이 끓으면 브렉퍼스트와 아쌈CTC를 넣고 약불로 줄여 진하게 우린다.

c   차가 진하게 우러나면 불을 끄고 차 거름망으로 찻잎을 걸러 상온까지
식힌다.

d   잔에 미리 삶아 준비한 블랙 타피오카펄과 흑당시럽, 소금을 넣고 잔
안쪽에 흑당시럽을 코팅한다.

e   얼음을 가득 채우고 차가운 우유를 붓는다.

f   식힌 차를 잔 위에 조심스럽게 따른다.

TIP   시판 흑당시럽 고르기
흑당시럽은 시판 제품을 사용해도 좋습니다. 흑
당시럽을 고를 때는 색보다는 흑당의 함유량을
체크하세요. 흑당 함유량이 높을수록 음료의 맛
이 살아나지요. 분위기만 내고 싶다면 흑설탕으
로 시럽을 만들어도 되어요.

COOL

초코블랙펄밀크티

초콜릿의 맛과 향이 물씬 풍기는 음료입니다. 아이스 초코와 버블밀크티의 장점을 느낄 수 있지요. 쌉쌀한 맛의 초콜릿과 홍차가 만나 서로의 풍미를 한층 끌어올려줍니다.

ASSEMBLE

Tea Base	아쌈티 6g(티백 3개), 물 150ml, 각얼음 가득
Milk Products	우유 100ml
Syrup	다크 초콜릿소스 30ml P241 참조, 핫초코파우더 1작은술, 무가당 카카오파우더 1/2작은술, 소금 한 꼬집
Garnish	삶은 블랙 타피오카펄 30g P245 참조

RECIPE

a   밀크팬에 물 150ml를 붓고 100℃까지 끓인다.

b   물이 끓으면 아쌈티를 넣고 강불에서 진하게 우린다.

c   차가 진하게 우러나면 불을 끄고 차 거름망으로 찻잎을 거른다.

d   우린 차 60ml에 다크 초콜릿소스, 핫초코파우더, 무가당 카카오파우더, 소금을 넣고 저어 상온까지 식힌다.

e   잔에 미리 삶아 준비한 블랙 타피오카펄과 얼음을 채우고 남은 차와 차가운 우유를 붓는다.

f   ⓓ를 조심스럽게 따라 완성한다.

TIP   **무가당 초콜릿파우더가 핵심**
이 메뉴에서 가장 중요한 재료는 초콜릿입니다. 초콜릿의 풍미가 얼마나 깊은지에 따라 메뉴의 퀄리티가 달라지죠. 질 좋은 무가당 카카오파우더를 사용하세요. 벨기에산 무가당 초콜릿 파우더를 추천해요.

VARIATION
MILK TEA

Base
아쌈CTC

COOL

바닐라밀크티쉐이크

진하게 우린 밀크티 베이스에 바닐라아이스크림을 넣어 만든 밀크티 쉐이크입니다. 진한 밀크티를 즐기는 분들께 추천합니다. 아이스크림과 얼음의 양으로 단맛을 조절하세요. 적당한 얼음이 쉐이커의 질감을 더해줘요.

ASSEMBLE

Tea Base	아쌈CTC 6g, 물 150ml
Milk Products	우유 80ml, 바닐라아이스크림 3스쿱(160~175g)
Syrup	설탕 2작은술, 휘핑크림 취향대로
Garnish	스프링클 약간

RECIPE

a 밀크팬에 물 150ml를 붓고 100℃까지 끓인다.

b 물이 끓으면 아쌈CTC를 넣고 강불에서 진하게 우린다.

c 차가 진하게 우러나면 불을 끄고 차 거름망으로 찻잎을 걸러 상온까지 식힌다.

d 잔에 식힌 차를 따른다.

e 블렌더에 우유와 바닐라 아이스크림을 넣고 갈아 ⓓ에 붓는다.

f 휘핑크림을 원하는 만큼 올리고 스프링클로 장식한다.

TIP / **홍차와 아이스크림의 베리에이션**
다양한 베리에이션이 가능한 레시피입니다. 레시피에 나온 재료가 아니라도 취향에 맞춰 홍차와 아이스크림을 매칭해보세요. 의외의 맛을 찾을 수 있습니다.

VARIATION MILK TEA

Base
브렉퍼스트+아쌈CTC

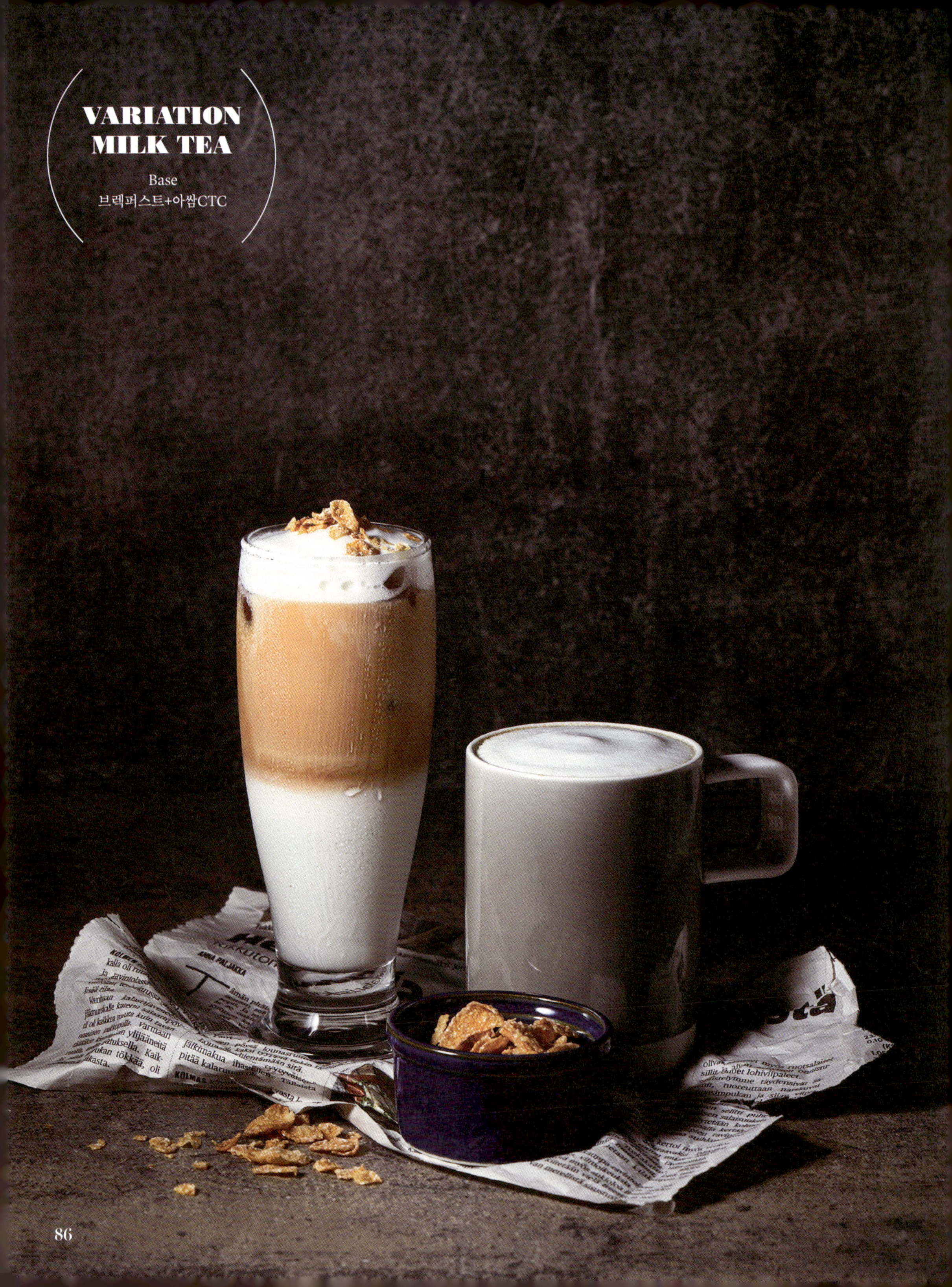

시리얼밀크티

우유에 향을 입히거나 맛을 추가해 변신을 꾀했습니다. 콘프로스트를 넣고
우린 우유로 밀크티를 만들면 홍차의 쌉쌀함과 우유의 부드러움, 옥수수의
고소한 향과 맛이 동시에 느껴지지요. 시리얼밀크는 메이플가향홍차와도 잘
어울리는데 핫 메뉴에 약간의 버터를 넣으면 풍미가 훨씬 깊어집니다.

ASSEMBLE

Tea Base	브렉퍼스트 2g(티백 1개), 아쌈CTC 4g
	HOT 물 300ml COOL 물 150ml+각얼음 가득
Milk Products	시리얼우유(우유 175ml, 콘프로스트 1컵)
Syrup	연유 20ml, 소금 한 꼬집
Garnish	COOL 콘프로스트 약간

RECIPE

Hot

a 밀크팬에 물 300ml를 붓고 100℃까지 끓인다.

b 물이 끓으면 브렉퍼스트와 아쌈CTC를 넣고 강불에서 진하게 우린다.

c 믹싱볼에 콘프로스트와 우유를 넣고 콘프로스트가 물러지면 우유만 따로 거른다.

d 차가 진하게 우러나면 불을 끄고 머그잔 위에 차 거름망을 올려 찻잎을 걸러 따른 후 연유와 소금을 넣어 섞는다.

e ⓒ를 데워 거품기로 포밍우유를 만든다.

f ⓓ에 포밍우유를 따라 마무리한다.

Cool

a 밀크팬에 물 150ml를 붓고 100℃까지 끓인다.

b 물이 끓으면 브렉퍼스트와 아쌈CTC를 넣고 강불에서 진하게 우린다.

c 차가 진하게 우러나면 불을 끄고 차 거름망을 올려 찻잎을 걸러 상온까지 식힌다.

d 믹싱볼에 콘프로스트와 우유를 넣고 콘프로스트가 물러지면 우유만 따로 거른다.

e ⓓ에 연유와 소금을 넣고 거품기로 포밍우유를 만든다.

f 잔에 얼음을 가득 채우고 포밍우유를 따른다.

g ⓒ를 조심스럽게 따르고 장식용 콘프로스트를 올린다.

VARIATION
MILK TEA

Base
실론티

티라미수밀크티

이탈리아의 대표적인 디저트 티라미수를 활용한 메뉴입니다. 티라미수는 '행복하게 하다' 또는 '기분 좋게 하다'라는 뜻으로, 맛보는 순간 그 기분이 느껴지지요. 스리랑카 브랜드의 실론티 베이스와 마스카포네치즈로 만든 티라미수크림이 의외의 맛을 내줍니다.

ASSEMBLE

Tea Base	실론티 6g(티백 3개)
	HOT 물 200ml COOL 물 150ml+각얼음 가득
Milk Products	우유 100ml, 연유 10ml
Syrup	시럽 15ml, 소금 한 꼬집, 티라미수크림 75ml **P244 참조**
Garnish	무가당 카카오파우더 1작은술, 식용 금가루 약간

RECIPE

Hot

a 밀크팬에 물 200ml를 붓고 100℃까지 끓인다.

b 물이 끓으면 실론티를 넣고 강불에서 진하게 우린다.

c 차가 진하게 우러나면 불을 끄고 차 거름망으로 찻잎을 걸러 잔에 따른다.

d ⓒ에 연유와 시럽, 소금을 넣고 잘 섞는다.

e 우유를 적당한 온도로 데워 붓는다.

f ⓔ에 티라미수크림을 얹고 카카오파우더를 뿌린 후 식용 금가루로 장식한다.

Cool

a 밀크팬에 물 150ml를 붓고 100℃까지 끓인다.

b 물이 끓으면 실론티를 넣고 강불에서 진하게 우린다.

c 차가 진하게 우러나면 불을 끄고 차 거름망으로 찻잎을 걸러 상온까지 식힌다.

d 잔에 연유와 시럽, 소금을 넣고 식힌 차를 따라 섞는다.

e 얼음을 가득 채우고 차가운 우유를 붓는다.

f ⓒ 위에 티라미수크림을 얹고 카카오파우더를 뿌린 후 식용 금가루로 장식한다.

VARIATION
MILK TEA

Base
브렉퍼스트+아쌈CTC

베일리스밀크티칵테일

아이리시 위스키와 아이리시 크림, 벨기에 초콜릿으로 만든 세계 최초의
크림 리큐르인 베일리스로 칵테일 타입의 밀크티를 만들었습니다. 술이
들어갔지만 우유와 홍차가 더해져 음료처럼 즐기기 좋지요. 특별한 밀크티를
원할 때 적극 추천합니다.

ASSEMBLE

Tea Base	브렉퍼스트 4g(티백 2개), 아쌈CTC 2g, 물 150ml, 각얼음 가득
Milk Products	우유 70ml
Syrup	시럽 15ml, 베일리스 30ml

RECIPE

a 밀크팬에 물 150ml를 붓고 100℃까지 끓인다.

b 물이 끓으면 브렉퍼스트와 아쌈CTC를 넣고 강불에서 진하게 우린다.

c 차가 진하게 우러나면 불을 끄고 차 거름망으로 찻잎을 걸러 상온까지
식힌다.

d 잔에 시럽과 식힌 차를 넣고 섞은 후 얼음을 가득 채운다.

e 베일리스를 따르고 잔의 남은 부분에 차가운 우유를 부어 완성한다.

TIP / **특별한 느낌의 밀크티 칵테일**
칵테일의 알코올 도수를 높이고 싶다면 약간의
보드카를 추가하세요. 보드카에 홍차를 우려 베
이스 티로 사용하면 높은 도수의 밀크티 칵테일
을 즐길 수 있습니다.

HOT

아몬드밀크티

'바담 티(Badam Tea)'라고 불리는 인도식 아몬드밀크티입니다. 인도에서 집집마다 다양한 레시피로 즐기는 메뉴이지요. 볶은 아몬드의 고소한 향과 스파이시하면서도 은은한 향신료의 향이 어우러진 스페셜한 밀크티를 경험해보세요.

ASSEMBLE

Tea Base	아쌈CTC 6g, 물 150ml, 그린 카다멈 1알
Milk Products	우유 150ml
Syrup	설탕 2작은술
Garnish	아몬드 10알, 아몬드 슬라이스 약간

RECIPE

a 밀크팬에 물 150ml를 붓고 100℃까지 끓인다.

b 물이 끓으면 아쌈CTC를 넣고 강불에서 진하게 우린다.

c 차가 진하게 우러나면 ⓑ에 우유와 그린 카다멈, 설탕을 넣는다.

d 우유가 끓어오르면 불을 끄고 차 거름망으로 찻잎과 허브를 걸러 머그잔에 따른다 .

e 아몬드를 굵게 잘라 팬에서 고소한 향이 날 때까지 볶는다.

f 볶은 아몬드 분태를 ⓓ에 넣고 아몬드 슬라이스로 장식한다.

TIP／ 버터를 살짝 넣고 아몬드 볶기
아몬드를 볶을 때 버터를 조금 넣어 볶으면 견과류의 풍미가 높아집니다. 인도에서는 고운 아몬드파우더를 추가해 밀크티를 만들기도 하지요. 취향에 맞게 즐기세요.

COOL

쿠반밀크티

민트향이 물씬 풍기는 모히또 느낌의 밀크티입니다. 민트잎과 민트시럽의
상쾌함이 여름 음료로 제격이지요. 진한 밀크티보다는 목넘김이 가벼운 영국식
밀크티로 즐기기를 권합니다. 약간의 럼을 넣으면 시원한 칵테일이 됩니다.

ASSEMBLE

Tea Base	브렉퍼스트 6g(티백 3개), 물 150ml, 각얼음 가득
Milk Products	우유 100ml, 연유 15ml
Syrup	민트시럽 15ml **P237 참조**, 민트잎 /~8장
Garnish	민트잎 약간

RECIPE

a 밀크팬에 물 150ml를 붓고 100℃까지 끓인다.

b 물이 끓으면 브렉퍼스트를 넣고 강불에서 진하게 우린다.

c 차가 진하게 우러나면 불을 끄고 차 거름망으로 찻잎을 걸러 상온까지
   식힌다.

d 잔에 민트시럽과 민트잎을 넣고 조심스럽게 으깬다.

e ⓓ에 얼음을 가득 채우고 차가운 우유와 연유를 넣고 섞는다.

f 식힌 차를 조심스럽게 따르고 약간의 민트잎으로 장식한다.

TIP **페퍼민트와의 블렌딩도 추천**
페퍼민트티와 홍차를 블렌딩하면 민트시럽 없이
도 간단하게 쿠반밀크티를 만들 수 있지요. 스티
븐 스미스 티메이커, 트와이닝, 허니앤 손스, 푸카
의 페피민트티를 활용해보세요.

VARIATION MILK TEA

Base
브렉퍼스트

COOL

얼그레이크림밀크티

한 잔의 아인슈페너가 떠오르는 메뉴입니다. 믈레즈나의 크림얼그레이티로
크림을 만들어 음료 위에 얹었지요. 기본 아이스 티에 얼그레이크림을 매칭해
특별한 얼그레이티를 맛볼 수 있습니다.

ASSEMBLE

Tea Base	브렉퍼스트 4g(티백 2개), 끓인 물 150ml, 각얼음 가득
Milk Products	우유 75ml, 얼그레이크림 75ml **P242 참조**
Syrup	시럽 15ml
Garnish	얼그레이티 약간

RECIPE

a   머그잔에 뜨거운 물을 부어 예열한다.

b   데운 머그잔에 브렉퍼스트를 넣고 끓인 물 150ml를 부어 5분간
강하게 우린다.

c   잔에 시럽을 넣고 얼음을 가득 채운다.

d   ⓒ에 차 거름망을 올려 우린 차의 찻잎을 걸러 따른다.

e   차가운 우유를 붓고 얼그레이크림을 올린다.

f   얼그레이티를 크림 위에 조금 뿌려 장식한다.

TIP / **크림의 맛과 향 바꾸기**
크림얼그레이 홍차는 국내에서는 믈레즈나에서
만 출시됩니다. 구하기 어렵다면 평소 좋아하는
향의 홍차로 크림을 만들어보세요. 얼그레이크림
만드는 법과 동일합니다.

COOL

레이디그레이아이스큐브밀크티

진하게 우린 레이디그레이 홍차를 얼려 아이스 큐브티를 만들었습니다.
각얼음 대신 아이스 큐브티를 넣어 맛이 더욱 진하지요. 아이스 큐브티가
녹으면서 다른 재료와 어우러지는 맛을 천천히 음미하세요.

ASSEMBLE

Tea Base	브렉퍼스트 8g(티백 4개), 레이디그레이 4g(티백 2개), 물 400ml
Milk Products	우유 200ml
Syrup	시럽 20ml
Garnish	자몽 껍질 2×15cm

RECIPE

a 브루잉 티포트에 뜨거운 물을 부어 예열한다.

b ⓐ에 브렉퍼스트와 레이디그레이를 넣고 끓인 물 400ml를 부어 5분간
   진하게 우린다.

c 차가 진하게 우러나면 차 거름망으로 찻잎을 걸러 아이스몰드에 담는다.

d 아이스몰드를 냉동고에 넣고 6~7시간 단단하게 얼린다.

e 잔에 시럽을 넣고 ⓓ의 아이스큐브티를 가득 담는다.

f 우유를 조심히 따르고 자몽 껍질을 눌러 자몽 에센스오일이 나오면 잔
   주변에 뿌린 후 자몽 껍질로 장식한다.

TIP / 얼그레이티의 여성 버전, 레이디그레이

트와이닝의 레이디그레이 제품은 얼그레이티의
여성 버전이라 할 수 있지요. 기존의 얼그레이티
보다 시트러스향이 더 강조된 제품입니다. 향이
너무 연하다면 아이스 큐브용 차의 양을 늘려주
세요. 다양한 모양의 아이스몰드를 활용하세요.

HOT & COOL

피넛버터캐러멜밀크티

피넛버터와 캐러멜소스가 들어간 미국적인 맛의 밀크티입니다. 부드럽게
넘어가는 맛이 일품이지요. 따뜻하게 우린 차에 크리미한 피넛버터를
덩어리지지 않게 녹이는 게 그 비결입니다. 다양한 식감을 즐기고 싶다면 땅콩
조각이 들어간 피넛버터를 사용하세요. 땅콩을 직접 갈아 넣어도 좋아요.

ASSEMBLE

Tea Base	브렉퍼스트 2g(티백 1개), 아쌈CTC 4g
	HOT 물 200ml COOL 물 150ml+각얼음 가득
Milk Products	우유 100ml
Syrup	캐러멜소스 15ml, 피넛버터 1작은술, 소금 한 꼬집
Garnish	땅콩 분태 약간

RECIPE

Hot a 밀크팬에 물 200ml를 붓고 100℃까지 끓인다.

b 물이 끓으면 브렉퍼스트와 아쌈CTC를 넣고 강불에서 진하게 우린다.

c 차가 진하게 우러나면 불을 끄고 잔에 차 거름망으로 찻잎을 걸러 따른다.

d ⓒ에 피넛버터와 캐러멜소스, 소금을 넣어 섞는다.

e 우유를 적당한 온도로 데워 붓고 땅콩 분태를 뿌려 마무리한다.

Cool a 밀크팬에 물 150ml를 붓고 100℃까지 끓인다.

b 물이 끓으면 브렉퍼스트와 아쌈CTC를 넣고 강불에서 진하게 우린다.

c 차가 진하게 우러나면 불을 끄고 차 거름망으로 찻잎을 걸러 약 50ml의
차를 덜어두고 나머지는 상온까지 식힌다.

d 잔 입구에 캐러멜소스를 바르고 땅콩 분태를 붙인다.

e ⓒ의 덜어둔 우린 차 50ml를 ⓓ에 따르고 피넛버터와 캐러멜소스, 소금을
넣고 고루 섞는다.

f 남은 식힌 차를 따르고 저은 후 얼음을 가득 채운다.

g 조심스럽게 차가운 우유를 부어 마무리한다.

PART 3

녹차로 만드는 밀크티

차의 역사와 함께 시작된 녹차는 오래 전부터
다른 재료와 섞어 우리거나 생 찻잎을 조리해
음식으로 즐겼다고 합니다. 녹차와 유제품을 결합한
녹차 밀크티는 자연스러운 결과이지요. 녹차는
찻잎이 만들어지는 공정에 따라 뜨거운 솥에서
찻잎을 덖어 만든 초청녹차와 증기에 쪄서 만드는
증청녹차로 나눕니다. 각각 녹차의 캐릭터를 살리는
것이 맛있는 녹차 밀크티의 기본입니다.

밀크티용 녹차 베이스는 5분 우리기

베이스 녹차를 우릴 때는 물의 온도보다 시간이 중요합니다.
70~75℃의 물에서 1분~1분30초간 우리는 스트레이트 티보다 높은
온도에서 5분 정도 우려 준비합니다. 그래야 우유와 섞었을 때 녹차의
맛과 향이 유지되지요. 국내 녹차를 기준으로 입하부터 5월 중순까지
채엽한 찻잎으로 만든 '중작' 녹차가 베리에이션 티를 만들기에
적당합니다.

잎녹차 or 가루녹차

녹차의 프레시한 향을 담고 싶다면 잎녹차로, 선명한 컬러
베리에이션을 즐기고 싶다면 가루녹차로 베이스 티를 만드세요.
잎녹차로 만든 밀크티는 우유색에 가까운 반면 고소함과 싱그러운
풀향이 느껴지지요. 가루녹차는 미분한 잎녹차 종류에 따라 음료의
맛과 향도 달라지는데 맛차(Matcha)로 불리는 일본의 가루녹차가
인기가 좋습니다. 광합성을 최소화시킨 차광재배로 진한 녹색과
고소하고 쌉쌀한 맛이 돋보입니다. 현미녹차와 겐마이차(일본
현미녹차) 등의 혼합차도 밀크티용 베이스 티로 즐겨 쓰입니다.

밀크티 1잔 기준 녹차 4~5g

녹차 밀크티 1잔에 적정한 녹차의 양은 대략 4~5g입니다. 1잔 기준(핫
메뉴 티포트 1개분) 2g의 녹차가 필요한 스트레이트 티에 비해 2배
이상의 녹차가 필요하지요. 잎녹차가 들어 있는 티백을 사용한다면
3개 정도를 우려 베이스 티를 만드세요.

GREEN TEA + MILK

녹차 밀크티에
어울리는 티 블렌딩

녹차는 홍차에 비해 제품수가 다양하지
않아 블렌딩의 구성 또한 심플하지요.
잎녹차와 가루녹차를 베이스로 허브와
파우더 등을 매칭해 밀크티용 녹차 베이스
블렌딩을 합니다.

  ### 잎녹차 + 가루녹차

잎녹차를 우린 차에 가루녹차를 넣는 블렌딩입니다. 두
가지 타입의 녹차를 블렌딩해 베이스 티를 만들면 맛과
향의 깊이가 커져 우유와 섞어도 진한 녹차의 질감을
살릴 수 있지요. 1잔 기준 4g의 잎녹차를 150ml의 물에
진하게 우린 후 1~2작은술의 가루녹차를 더해 베이스
티를 만듭니다. 가루녹차의 양에 따라 메뉴의 색이
결정되며 연한 색에서 진한 색까지 다양한 녹색의 메뉴를
만들 수 있습니다. 절대적인 기준이 아니니 취향에 맞게
조절하세요.

  ### 잎녹차 or 가루녹차 + 허브

잎녹차에 허브를 블렌딩하는 방식입니다. 뜨거운 물에
잎녹차와 허브를 함께 우려 베이스 티로 사용하지요.
녹차의 고소함과 허브의 향이 만나 전혀 다른 느낌의
밀크티를 만들 수 있습니다. 이때는 녹차의 비율을
허브보다 높게 잡아야 녹차의 맛과 향을 잃지 않습니다.
가루녹차에 허브를 블렌딩할 때는 허브를 진하게
우린 허브티에 가루녹차를 섞어 사용합니다. 허브향과
가루녹차의 진한 느낌이 그대로 살아 풍부한 향의
밀크티가 완성됩니다.

  ### 가루녹차 + 파우더

우리지 않고 우유나 물에 개어 바로 사용하는 가루녹차의
특성을 살린 블렌딩입니다. 선식, 미숫가루 등 곡물을 갈아
만든 가루는 특히 가루녹차와 궁합이 좋지요. 가루녹차에
부족한 고소함도 채워줍니다. 블렌딩하는 가루의 양은
20% 미만의 비율로 잡아주세요. 그래야 녹차의 맛을
방해하지 않습니다.

녹차 밀크티에 어울리는 부재료

과일류, 견과류, 곡물류가 대표적입니다. 어떤 밀크티에나 잘 어울리는 초콜릿,
캐러멜, 바닐라를 기본으로 유자, 딸기, 허브 등 색다른 재료들을 매칭해 베리에이션
밀크티를 만들어보세요.

다크초콜릿

녹차와 다크 초콜릿은 쌉
쌀한 맛의 궁합이 특히 좋
습니다. 주로 소스로 만들
어 사용하는데 간단히 커
버추어 초콜릿을 녹여 사
용하면 편리해요.

도라지

폐와 기관지 보호에 좋은
도라지는 청 타입을 사용
하면 편리합니다. 녹차 밀
크티에 약간의 도라지청
을 넣으면 구수하고 달큰
한 전통차 느낌을 낼 수 있
습니다.

바닐라

바닐라의 달달한 향이 녹
차 밀크티의 풍미를 높여
줍니다. 바닐라향이 다른
재료의 향도 살려주지요.
녹차와 바닐라를 베이스
로 향이 훨씬 풍부해집니
다.

허브

허브의 향은 녹차와 궁합
이 좋습니다. 허브의 잎과
꽃을 블렌딩하여 녹차의
단조로운 맛과 향에 풍성
한 변화를 주세요 메뉴의
폭도 넓어지고 보는 즐거
움도 더해집니다.

그린 타피오카펄

천편일률적인 블랙 타피오
카펄을 벗어나 다양한 컬
러와 크기의 펄로 메뉴를
만들어보세요. 그린 타피
오카펄은 녹차로 만든 메
뉴에 포인트로 사용하기
좋습니다. 녹차 밀크티를
돋보이게 만들어줍니다.

과일류

밀크티에 과일을 넣으면
과일 속 유기산이 우유의
유당을 분리해 우유가 뭉
치기 쉽습니다. 청이나 절
임으로 활용하면 다량의
당 성분이 유당 분리를 막
아주지요. 망고나 유자, 딸
기, 블루베리, 라즈베리 등
이 녹차와 잘 어울립니다.

곡물류

가루녹차 메뉴에 곡물류
를 더하면 잎녹차에 비해
부족한 고소한 맛과 향을
보완할 수 있습니다. 파우
더 타입이나 두유, 아몬드
밀크, 귀리밀크, 코코넛밀
크 같은 리퀴드 타입을 사
용하세요.

견과류

고소한 견과류도 가루녹
차의 부족한 맛을 업시켜
줍니다. 밤, 헤이즐넛, 땅
콩 등이 깔끔한 녹차의 맛
에 잘 어울리지요. 가루
타입을 베이스 티와 섞거
나 통째로 가니시로 사용
하기도 합니다.

CLASSIC MILK TEA

Base 녹차+라벤더

COOL

라벤더그린밀크티

잎녹차에 허브 플라워를 블렌딩해 만든 밀크티입니다. 라벤더와 녹차를
블렌딩해 한모금 마시면 라벤더향이 퍼지면서 녹차의 고소함과 풋풋함이
밀려오지요. 라벤더는 향이 강하니 소량만 사용하세요.

ASSEMBLE

Tea Base	녹차 4g(티백 3개), 라벤더 1/4작은술, 끓인 물 150ml, 각얼음 가득
Milk Products	우유 100ml
Syrup	시럽 15ml
Garnish	라벤더 한 꼬집

RECIPE

a 녹차와 라벤더를 블렌딩한다.

b 티포트에 라벤더를 블렌딩한 녹차를 넣고 끓인 물 150ml를 부어 5분간
진하게 우린다.

c 차가 진하게 우러나면 차 거름망으로 찻잎과 허브를 걸러 상온까지 식힌다.

d 잔에 시럽과 식힌 차를 넣고 섞은 후 얼음을 가득 채운다.

e 차가운 우유를 따르고 그 위에 라벤더를 뿌려 장식한다.

TIP 버터플라이 피 플라워와 블렌딩하기

메뉴의 컬러를 바꾸고 싶다면 파란색의 버터플라
이 피 플라워를 추가하세요. 버터플라이 피 플라
워는 향이 강하지 않아 그 양을 늘려도 메뉴의 향
을 해치지 않지요. 하늘색의 매력적인 녹차 밀크
티가 완성됩니다.

CLASSIC
MILK TEA

Base 겐마이차

HOT & COOL

겐마이그린밀크티

잎녹차에 볶은 현미를 섞은 겐마이차로 베이스 티를 준비했습니다. 국내
현미녹차 제품을 사용한다면 1~2g의 녹차를 추가해 만드세요. 겐마이차는 녹차의
비중이, 현미녹차는 현미의 비중이 높기 때문이죠. 녹차와 현미의 고소함을 함께
느껴보세요.

ASSEMBLE

Tea Base	겐마이차(현미녹차) 4g(티백 3개)
	HOT 끓인 물 200ml **COOL** 끓인 물 150ml+각얼음 가득
Milk Products	우유 60ml
Syrup	시럽 10ml
Garnish	**HOT** 현미 프레이크 약간

RECIPE

Hot　a　티포트와 잔에 뜨거운 물을 부어 예열한다.

　　　b　ⓐ에 겐마이차를 넣고 끓인 물 200ml를 부어 5분간 진하게 우린다.

　　　c　차가 진하게 우러나면 차 거름망으로 찻잎을 거른다.

　　　d　우유를 적당한 온도로 데운다.

　　　e　예열한 잔에 시럽을 넣고 진하게 우린 녹차를 부어 섞는다.

　　　f　데운 우유를 따르고 현미 프레이크를 올려 장식한다.

Cool　a　티포트에 겐마이차를 넣고 끓인 물 150ml를 부어 5분간 진하게 우린다.

　　　b　차가 진하게 우러나면 차 거름망으로 찻잎을 걸러 상온까지 식힌다.

　　　c　잔에 시럽을 넣고 얼음을 가득 채운다.

　　　d　식힌 녹차를 부어 섞는다.

　　　e　차가운 우유를 따라 완성한다.

CLASSIC
MILK TEA

Base 녹차+말린 도라지

HOT

도라지그린밀크티

말린 도라지와 도라지청으로 색다른 녹차 밀크티를 선보입니다. 은은한
도라지의 향이 녹차향과 제법 어울리지요. 메뉴의 색은 홍차 밀크티처럼
보이지만 그 맛은 녹차의 상쾌함이 그대로 전해집니다.

ASSEMBLE

Tea Base	녹차 3g, 말린 도라지 3g, 끓인 물 200ml
Milk Products	우유 60ml
Syrup	시럽 10ml, 도라지청 10ml
Garnish	말린 도라지 약간

RECIPE

a 티포트와 잔에 뜨거운 물을 부어 예열한다.

b ⓐ에 녹차와 말린 도라지를 블렌딩하여 넣고 끓인 물 200ml를 부어 5분간
진하게 우린다.

c 차가 진하게 우러나면 차 거름망으로 찻잎과 도라지를 거른다.

d 우유를 적당한 온도로 데운다.

e 예열한 잔에 시럽과 도라지청을 넣는다.

f 진하게 우린 녹차를 부어 섞는다.

g 데운 우유를 따르고 가니시용 말린 도라지로 장식한다.

TIP / **말린 도라지는 잘게 잘라 넣어야**
녹차에 말린 식물을 블렌딩할 때는 잘게 잘라 사
용하세요. 그래야 향과 맛이 잘 우러나옵니다. 도
라지청이 없다면 말린 도라지의 양을 늘려 넣어
도 괜찮아요.

CLASSIC
MILK TEA

Base 모로칸민트티

모로칸민트그린밀크티

모로코인들이 즐기는 차를 본따 잎녹차에 말린 민트잎을 블렌딩해
만들었다는 모로칸민트티. 녹차의 고소한 향과 민트의 청량함이 쉽게
질리지 않지요. 우유와 시럽을 더해 밀크티로 즐겨도 맛있습니다. 민트잎을
하나 띄우면 향긋한 민트향이 마시는 내내 함께 하지요.

ASSEMBLE

Tea Base	모로칸민트티 3g, 끓인 물 200ml
Milk Products	우유 100ml
Syrup	시럽 10ml
Garnish	민트잎 1장

RECIPE

a 티포트와 잔에 뜨거운 물을 부어 예열한다.

b @에 모로칸민트티를 넣고 끓인 물 200ml를 부어 5분간 진하게 우린다.

c 차가 진하게 우러나면 차 거름망으로 찻잎을 거른다.

d 우유를 적당한 온도로 데워 거품기로 포밍우유를 만든다.

e 예열한 잔에 시럽과 진하게 우린 차를 부어 섞는다.

f 포밍우유를 따르고 민트잎으로 장식한다.

TIP / 직접 블렌딩해 사용해도 좋아
모로칸민트티를 구하기 어렵다면 녹차와 페퍼민
트를 블렌딩해 만들어보세요. 녹차 2g 기준 페퍼
민트 1/4작은술의 비율이 적당해요.

CLASSIC
MILK TEA

Base 자스민차

HOT & COOL

바닐라자스민밀크티

바닐라시럽과 자스민향이 어우러진 녹차 밀크티입니다. '만리화차'라고도
불리는 자스민차는 중국의 유명한 화차로, 녹차에 착향시킨 자스민 꽃향이
매력적이지요. 여기에 바닐라시럽을 넣어 달콤하고 향긋한 맛과 향을
추가했습니다. 바닐라시럽이 없다면 바닐라에센스를 활용하세요.

ASSEMBLE

Tea Base	자스민차 3g **HOT** 끓인 물 200ml **COOL** 끓인 물 150ml+각얼음 가득
Milk Products	우유 60ml
Syrup	바닐라시럽 15ml
Garnish	자스민플라워 약간

RECIPE

Hot
a 티포트와 잔에 뜨거운 물을 부어 예열한다.

b @에 자스민차를 넣고 끓인 물 200ml를 부어 5분간 진하게 우린다.

c 차가 진하게 우러나면 차 거름망으로 찻잎을 거른다.

d 우유를 적당한 온도로 데우고 거품기로 포밍우유를 만든다.

e 예열한 잔에 바닐라시럽과 데운 포밍우유를 부어 섞는다.

f 진하게 우린 녹차를 따르고 자스민플라워로 장식한다.

Cool
a 티포트에 자스민차를 넣고 끓인 물 150ml를 부어 5분간 진하게 우린다.

b 차가 진하게 우러나면 차 거름망으로 찻잎을 걸러 상온까지 식힌다.

c 잔에 바닐라시럽과 우린 녹차를 넣고 섞는다.

d 얼음을 가득 채우고 차가운 우유를 따른다.

e 메뉴에 자스민플라워를 뿌려 장식한다.

CLASSIC MILK TEA

Base 가루녹차

COOL

유자그린밀크티쉐이크

싱그러운 맛과 향의 유자와 녹차는 상당히 잘 어울리는 조합이지요.
우유의 부드러운 느낌을 더해 마치 '유자우유'를 맛보는 기분이 듭니다.
유자퓨레 외에 다양한 과일퓨레를 활용해 만들어도 맛있습니다.

ASSEMBLE

Tea Base	가루녹차 2작은술, 물 50ml, 각얼음 가득
Milk Products	우유 150ml
Syrup	유자퓨레 30ml, 시럽 10ml

RECIPE

a 다완에 가루녹차와 물 50ml를 넣고 가루녹차를 고르게 푼다.

b 블렌더에 유자퓨레와 우유, 시럽을 넣고 섞는다.

c 잔에 얼음을 가득 채우고 ⓑ의 유자우유를 따른다.

d 메뉴의 층을 내고 싶다면 섞지 않은 상태에서 유자퓨레 》시럽 》우유 순으로
넣는다.

e 개어놓은 ⓐ의 녹차를 우유 위에 조심스럽게 따른다.

TIP ╱ **유자퓨레 대신 유자차로 대체 가능**
유자퓨레가 없을 때는 유자차를 활용하세요. 유
자차 사용 시 양에 주의하세요. 너무 많이 넣으면
우유와 만나면서 우유가 뭉쳐질 수 있습니다. 단
맛은 시럽을 추가해 보완해줘야 해요.

CLASSIC
MILK TEA

Base 녹차

COOL

하얀그린밀크티

우유처럼 보이지만 녹차의 고소함이 느껴지는 메뉴이지요. 잎녹차를 우려
베이스 티로 삼고 완성한 밀크티에 가루녹차를 장식해 비주얼 효과도
업시켰습니다.

ASSEMBLE

Tea Base	녹차 4g(티백 3개), 끓인 물 150ml, 각얼음 가득
Milk Products	우유 100ml, 연유 15ml
Syrup	소금 한 꼬집
Garnish	가루녹차 약간

RECIPE

a   티포트에 뜨거운 물을 부어 예열한다.

b   ⓐ에 녹차를 넣고 끓인 물 150ml를 부어 5분간 진하게 우린다.

c   차가 진하게 우러나면 차 거름망으로 찻잎을 걸러 식힌다.

d   잔 표면에 녹차가루를 뿌려 장식한다.

e   잔에 차가운 우유와 연유, 소금을 넣고 섞는다.

f   얼음을 가득 채우고 식힌 녹차를 붓는다.

TIP ╱ **잎녹차는 중작이나 대작이 적당**
밀크티 베이스용 잎녹차를 고를 때는 고가의 우
전이나 세작은 피하세요. 5월 이후 채엽해 만드
는 중작, 대작 제품이 녹차의 맛과 향이 강해 밀
크티 베이스용으로 제격입니다.

CLASSIC
MILK TEA

Base 녹차

COOL

로즈마리그린밀크티

로즈마리의 상쾌한 숲 속의 향과 녹차의 풋풋한 느낌이 그대로 전해지는
메뉴입니다. 우유의 부드러움까지 더해져 매력적이지요. 진정효과에
탁월한 몸에 좋은 허브로 만들어 언제고 마시기 좋습니다.

ASSEMBLE

Tea Base	녹차 4g(티백 3개), 끓인 물 150ml, 각얼음 가득
Milk Products	우유 100ml
Syrup	로즈마리시럽 15ml, 로즈마리 15cm
Garnish	로즈마리 1줄기

RECIPE

a 티포트에 녹차를 넣고 끓인 물 150ml를 부어 5분간 진하게 우린다.

b 차가 진하게 우러나면 차 거름망으로 찻잎을 걸러 상온까지 식힌다.

c 잔에 로즈마리시럽과 로즈마리를 넣고 머들러로 으깬다.

d 차가운 우유를 부어 섞은 후 얼음을 가득 채운다.

e 식힌 녹차를 따르고 가니시용 로즈마리로 장식한다.

TIP / **단맛이 싫다면 로즈마리허브티 활용**
단맛을 즐기지 않는다면 로즈마리시럽은 생략하
세요. 녹차에 로즈마리 허브티를 블렌딩해 같이
우리면 됩니다. 이때 로즈마리는 녹차보다 적게
넣어야 녹차의 느낌이 살아요.

COOL

코코넛그린밀크티

고소한 코코넛크림과 녹차, 우유가 만났습니다. 코코넛밀크와 달리 약간의
감미료가 들어 있는 코코넛크림을 활용하면 밀크티에 달콤한 맛과 향이
맴돌지요. 더 선명한 컬러 차이를 원한다면 베이스 티에 가루녹차 대신
진한 녹색을 띄는 말차를 사용하세요.

ASSEMBLE

Tea Base	가루녹차 2작은술, 물 50ml, 각얼음 가득
Milk Products	우유 150ml
Syrup	코코넛크림 1큰술, 시럽 10ml
Garnish	코코넛파우더 약간

RECIPE

a   다완에 가루녹차와 물 50ml를 넣고 가루녹차를 고르게 푼다.

b   잔 주둥이 부분에 시럽을 살짝 바르고 코코넛파우더를 붙여준다.

c   잔에 코코넛크림과 차가운 우유, 시럽을 넣어 섞는다. 이때 ⓑ가 떨어지지
    않도록 주의한다.

d   얼음을 가득 채운다.

e   개어놓은 ⓐ의 녹차를 우유 위에 조심스럽게 따른다.

TIP **코코넛크림은 코코넛밀크로 대체 가능**
코코넛크림이 없다면 코코넛밀크를 활용해도 좋
아요. 코코넛의 뉘앙스를 살리는 게 포인트이므
로 둘 중 취향에 맞게 사용하세요. 다만 코코넛밀
크에는 감미료가 들어 있지 않으니 약간의 시럽
을 추가해야 합니다.

VARIATION MILK TEA

Base
가루녹차

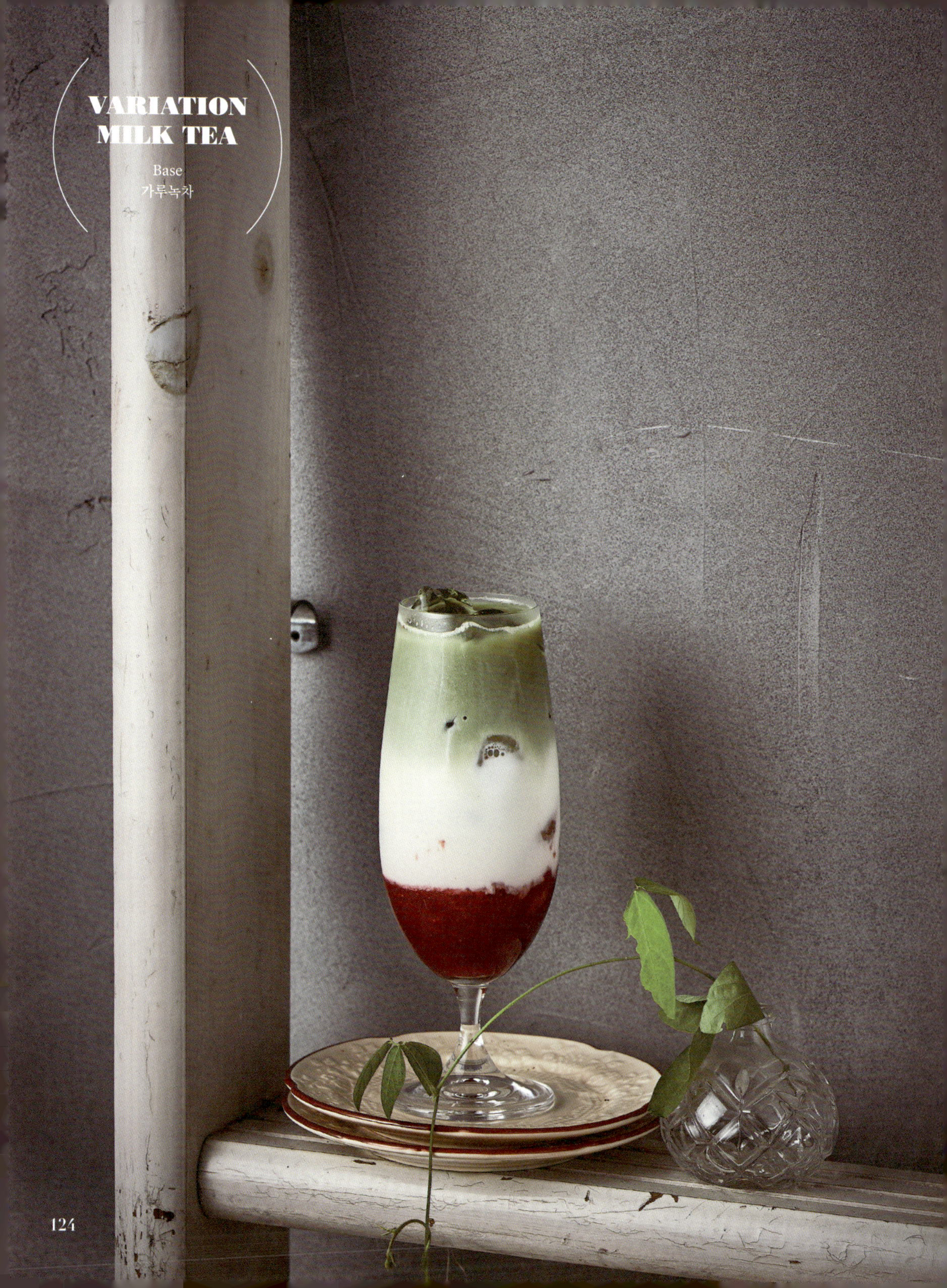

스트로베리그린밀크티

딸기의 상큼함과 달콤함, 녹차의 고소하고 쌉쌀함을 맛볼 수 있습니다.
잔에 재료를 넣을 때 딸기청과 우유, 녹차를 순서대로 조심히 넣어 컬러
레이어를 만들어보세요. 3가지 색이 차례로 쌓여 비주얼도 훌륭해요.

ASSEMBLE

Tea Base	가루녹차 2작은술, 물 50ml, 각얼음 가득
Milk Products	우유 100ml
Syrup	딸기청 30ml

RECIPE

a 다완에 가루녹차와 물 50ml를 넣고 가루녹차를 고르게 푼다.

b 잔에 딸기청을 넣고 얼음을 가득 채운다.

c 딸기청이 흐트러지지 않도록 얼음 위로 차가운 우유를 조심히 따른다.

d 개어놓은 ⓐ의 녹차를 우유 위에 얹듯이 조심히 따른다.

TIP ╱ **생 딸기나 딸기잼을 넣어도 맛나**
딸기잼을 딸기청처럼 사용해도 좋아요. 겨울과
봄, 딸기 제철에는 생 딸기를 시럽과 함께 갈아 퓨
레로 만들어 활용하면 향이 더욱 좋습니다.

COOL

그레놀라화이트초콜릿그린밀크티

화이트 초콜릿과 가루녹차의 조합은 언제나 정답입니다. 화이트 초콜릿은
향이 강하지 않아 은은한 녹차와 페어링하기 좋지요. 두 재료를 블렌더에 갈아
스무디 타입의 밀크티를 만들었습니다. 그레놀라를 장식으로 올려 심심한
식감에 포인트를 줍니다.

ASSEMBLE

Tea Base	가루녹차 2작은술, 바닐라아이스크림 2스쿱, 얼음 100g
Milk Products	우유 100ml
Syrup	화이트 초콜릿소스 20ml **P241 참조**, 소금 한 꼬집,
	휘핑크림(생크림 60ml, 설탕 2작은술)
Garnish	그레놀라 1/2큰술

RECIPE

a   블렌더에 우유와 가루녹차, 바닐라아이스크림, 화이트 초콜릿소스, 소금,
    얼음을 넣는다.

b   얼음이 슬러시가 될 만큼 곱게 간다.

c   믹싱볼에 생크림과 설탕을 넣고 단단하게 휘핑해 휘핑크림을 만든다.

d   잔에 곱게 갈은 ⓑ를 넣은 후 휘핑크림을 올린다.

e   그레놀라를 올려 마무리한다.

TIP / **스무디 1잔 기준 얼음의 양은 100g**
스무디를 만들 때는 얼음의 양에 신경쓰세
요. 얼음 양이 많으면 너무 묽어지고 반대로 얼
음 양이 적으면 스무디의 질감이 살지 않지요.
300~400ml 1잔 기준 얼음은 100g을 넘지 않도
록 합니다.

초코크림치즈그린밀크티

녹차와 초콜릿의 궁합을 크림으로 만들어 매칭했습니다. 초코크림치즈폼을
밀크티 위에 올리니 초코치즈케이크와 녹차 밀크티를 한 번에 맛보는
기분이 들지요. 물이 아닌 우유에 직접 가루녹차를 풀어 녹차의 향과 맛이
더욱 진하게 느껴집니다. 초코크림치즈폼은 너무 단단하지 않게 아인슈페너
정도로 만드세요.

ASSEMBLE

Tea Base	가루녹차 2작은술, 우유 50ml, 각얼음 가득
Milk Products	우유 100ml, 초코크림치즈 75ml
Syrup	시럽 10ml
Garnish	초코파우더

RECIPE

a   다완에 가루녹차와 우유 50ml, 시럽을 넣고 가루녹차를 고르게 푼다.

b   잔에 개어놓은 ⓐ를 넣는다.

c   얼음을 가득 채우고 차가운 우유를 조심스럽게 따른다.

d   우유 위에 미리 준비한 초코크림치즈폼을 올린다.

e   초코파우더를 뿌려 마무리한다.

+ **초코크림치즈폼 만들기** *75g / 즉시 섭취*

assemble 무가당 초코파우더 1작은술, 크림치즈 3g, 생크림 60ml,
시럽 15ml, 소금 한 꼬집
믹싱볼에 모든 재료를 담아 휘핑기로 서서히 흐를 정도가 될 때까지
휘핑해 완성한다.

COOL

바질그린밀크티

바질향이 물씬 풍기는 그린 밀크티입니다. 바질, 시럽, 연유를 함께 머들링해
밀크티에 바질향이 가득 맴돌지요. 중간크기의 바질잎을 사용해야 우유
사이로 초록 색감이 드러나 보기에도 예뻐요.

ASSEMBLE

Tea Base	가루녹차 2작은술, 물 50ml, 각얼음 가득
Milk Products	우유 150ml, 연유 10ml
Syrup	시럽 10ml, 바질잎 3장
Garnish	바질잎 약간

RECIPE

a   다완에 가루녹차와 물 50ml를 넣고 가루녹차를 고르게 푼다.

b   잔에 바질잎과 시럽, 연유를 넣고 머들러로 조심히 으깬다.

c   ⓑ에 얼음을 가득 넣고 차가운 우유를 부어 잘 섞는다.

d   개어놓은 ⓐ의 녹차를 우유 위에 조심스럽게 따른다.

e   가니시용 바질잎으로 장식한다.

TIP / **바질잎은 살짝만 머들링하기**
바질잎을 머들링할 때는 힘조절을 해야 해요. 너
무 으깨면 메뉴가 완성되었을 때 지저분해 보일
수 있습니다. 중간크기의 바질잎으로 만드세요.

HOT & COOL

고소한 그린밀크티

한국인이 좋아하는 곡물가루와 두유를 활용한 메뉴입니다. 곡물과 두유,
가루녹차를 합하니 특별한 밀크티가 완성되었지요. 두유 대신 아몬드밀크,
오트밀크 등 다른 견과류 우유를 활용해도 좋습니다. 미숫가루 1작은술의
위력을 느낄 수 있어요.

ASSEMBLE

Tea Base	가루녹차 2작은술, 미숫가루 1작은술
	HOT 끓인 물 50ml **COOL** 끓인 물 50ml+각얼음 가득
Milk Products	두유 150ml
Syrup	시럽 15ml
Garnish	미숫가루 약간

RECIPE

Hot　a　다완에 가루녹차와 미숫가루, 끓인 물 50ml를 넣고 고르게 푼다.

　　　b　예열한 잔에 시럽과 미숫가루와 함께 개어놓은 ⓐ를 따른다.

　　　c　우유를 적당한 온도로 데워 붓는다.

　　　d　데운 우유를 조심스럽게 따른다.

　　　e　메뉴 위에 미숫가루를 뿌려 마무리한다.

Cool　a　다완에 가루녹차와 미숫가루, 끓인 물 50ml를 넣고 고르게 푼다.

　　　b　잔에 시럽과 미숫가루와 함께 개어놓은 ⓐ를 따른다.

　　　c　얼음을 가득 채운 후 차가운 우유를 조심스럽게 따른다.

COOL

레드빈그린밀크티쉐이크

단팥과 녹차는 빙수 재료로도 즐겨 쓰이지요. 두 가지 재료로 밀크티를
만들었습니다. 팥조림 위에 녹차아이스크림, 휘핑크림 순으로 올려 컬러
레이어도 표현했지요. 아이스크림을 베이스 티로 사용할 때는 녹차 맛이 진한
제품을 선택해야 합니다. 마시는 녹차빙수의 느낌을 즐겨보세요.

ASSEMBLE

Tea Base	녹차아이스크림 3스쿱(160~175g)
Milk Products	우유 80ml
Syrup	휘핑크림(생크림 60ml, 설탕 1작은술)
Garnish	팥조림 1스쿱, 시나몬파우더 약간

RECIPE

a   믹싱볼에 생크림과 설탕을 넣고 물결무늬가 생길 때까지 휘핑해
    휘핑크림을 만든다.

b   블렌더에 녹차아이스크림과 우유를 넣고 고운 질감이 날 때까지 간다.

c   잔에 미리 준비한 팥조림을 1스쿱 넣고 ⓑ의 쉐이크를 올린다.

d   메뉴 위에 ⓐ의 휘핑크림을 살짝 올리고 시나몬파우더로 장식한다.

+ 팥조림 만들기 *500g / 냉장보관 / 1주*

assemble 팥 300g, 물 800ml, 설탕 300g, 소금 1/2큰술, 시나몬파우더 약간

1 팥은 12시간 동안 불려 물과 함께 밥솥에 넣고 40분간 삶는다.
2 삶은 팥을 팬에 옮겨 설탕, 소금, 시나몬파우더와 잘 섞고 강불에서
8분간 졸인다.
3 팥의 색이 진해지면 식혀 용기에 담아 냉장보관한다.

HOT & COOL

몽블랑그린밀크티

마론크림이 올라간 디저트에서 영감을 받아 만든 메뉴입니다. 녹차 밀크티에
마론크림을 올려 고소하고 달콤한 맛을 더했지요. 마론크림은 마론잼이나
마론페이스트를 이용하면 간단하게 만들 수 있습니다.

ASSEMBLE

Tea Base	가루녹차 2작은술, **HOT** 끓인 물 50ml **COOL** 물 50ml+각얼음 가득
Milk Products	우유 100ml
Syrup	시럽 15ml, 마론크림 90ml
Garnish	삶은 밤가루 1개분

RECIPE

Hot a   다완에 가루녹차와 끓인 물 50ml를 넣고 가루녹차를 고르게 푼다.

b   우유를 적당한 온도로 데운다.

c   예열한 잔에 데운 우유와 시럽을 넣고 섞는다.

d   개어놓은 @의 녹차를 우유 위에 조심스럽게 붓는다.

e   마론크림을 올리고 삶은 밤가루로 장식한다

Cool a   다완에 가루녹차와 물 50ml를 넣고 가루녹차를 고르게 푼다.

b   잔에 차가운 우유와 시럽을 넣고 섞은 후 얼음을 가득 채운다.

c   개어놓은 @의 녹차를 우유 위에 조심스럽게 붓는다.

d   마론크림을 올리고 삶은 밤가루로 장식한다.

+ 마론크림 만들기 *90g 1잔 기준 / 즉시 섭취*

assemble 생크림 80ml, 마론잼 1과1/2작은술,
시나몬 파우더 한 꼬집

1 믹싱볼에 생크림과 마론잼, 시나몬 파우더를 넣는다.

2 크림이 되직하게 천천히 흐를 정도까지 휘핑해 완성한다.

허니그린펄밀크티

녹차와 같은 컬러의 그린 타피오카펄을 넣어 색감을 살렸습니다.
직접 만든 허니시럽의 꿀향이 진하게 퍼져 타피오카펄의 쫀득함과
잘 어울리지요. 다양한 컬러의 타피오카펄을 밀크티에 활용해보세요.
밀크티의 색감을 돋보여줍니다.

ASSEMBLE

Tea Base	가루녹차 2작은술, 물 50ml, 각얼음 가득
Milk Products	우유 150ml
Syrup	허니시럽 60ml
Garnish	삶은 그린 타피오카펄 30g **P245 참조**

RECIPE

a   다완에 가루녹차와 물 50ml를 넣고 가루녹차를 고르게 푼다.

b   미리 삶아 준비한 그린 타피오카펄과 허니시럽을 섞는다.

c   잔에 ⓑ와 차가운 우유를 넣고 섞는다.

d   얼음을 가득 채운다.

e   개어놓은 ⓐ의 녹차를 우유 위에 조심스럽게 따른다.

+ 허니시럽 만들기 *200ml / 냉장보관 / 2주*

assemble 꿀 150ml, 끓인 물 50ml

1   소스팬에 꿀과 끓인 물을 넣어 꿀을 잘 녹인다.
2   상온까지 식힌 후 소독한 병에 넣고 냉장보관한다.

VARIATION MILK TEA

Base
가루녹차

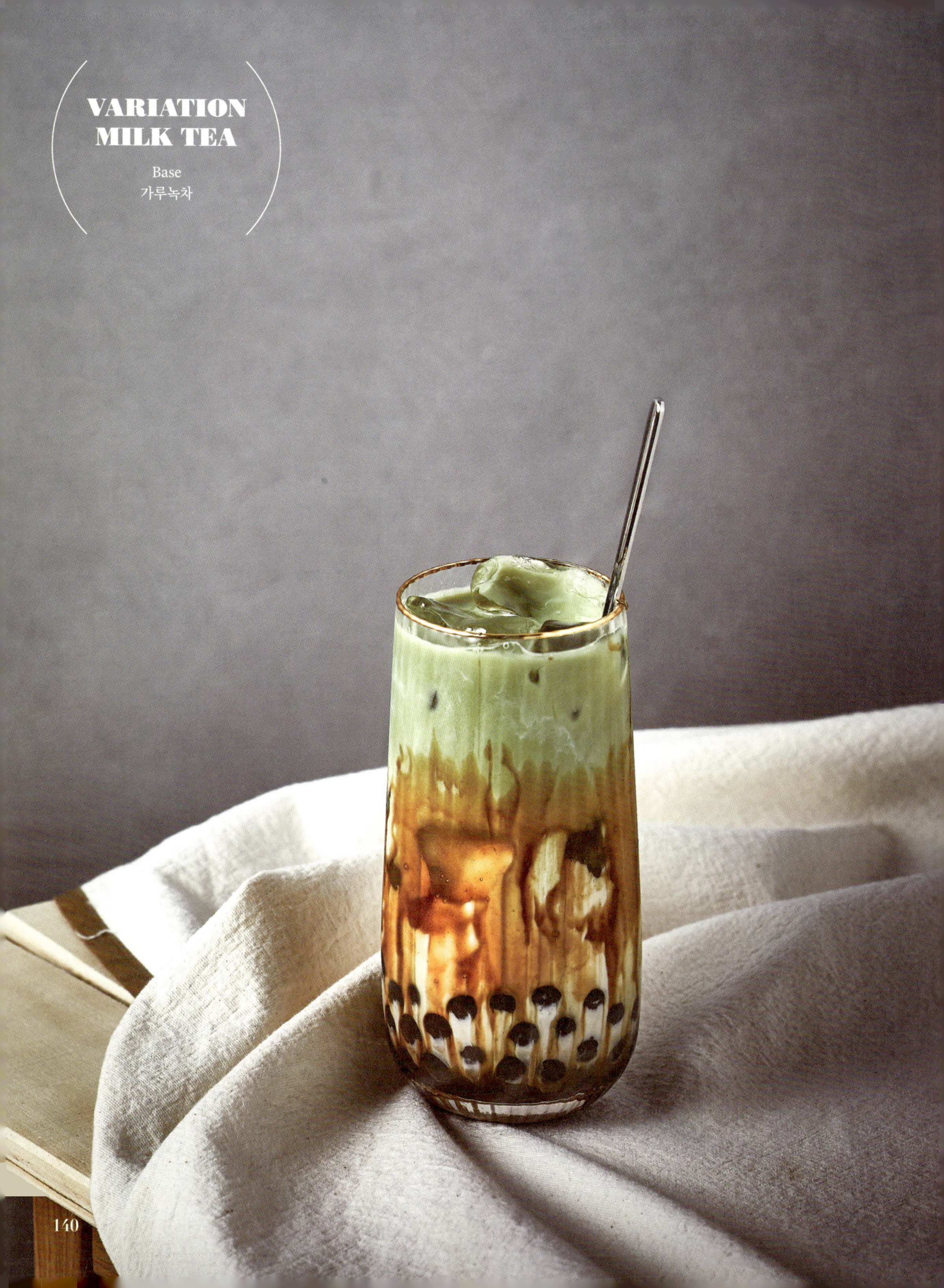

COOL

흑당블랙펄그린밀크티

흑당시럽의 마블링 비주얼에 도전하세요. 흑당과 블랙 타피오카펄로
유행하는 밀크티를 만들었습니다. 이 메뉴는 특히 빠른 손놀림이 필요하지요.
그렇지 않으면 흑당시럽이 가라앉아버리기 쉽습니다. 가루녹차의 쌉쌀함이
더해져 기존 밀크티와는 사뭇 다른 느낌을 냅니다.

ASSEMBLE

Tea Base	가루녹차 2작은술, 물 50ml, 각얼음 가득
Milk Products	우유 150ml
Syrup	흑당시럽 30ml **P240 참조**
Garnish	삶은 블랙 타피오카펄 30g **P245 참조**

RECIPE

a 다완에 가루녹차와 물 50ml를 넣고 가루녹차를 고르게 푼다.

b 잔에 흑당시럽과 미리 삶아 준비한 블랙 타피오카펄을 넣고 고루
　버무린다.

c 잔 안쪽에 흑당시럽을 발라 코팅한다.

d 얼음을 가득 채우고 차가운 우유를 붓는다.

e 개어놓은 ⓐ의 녹차를 우유 위에 조심스럽게 따른다.

TIP / **마스코바도 설탕으로 흑당시럽 만들기**
흑당시럽은 만들기도 간단해 누구나 집에서 만들
수 있습니다. 비정제설탕인 마스코바도 설탕으로
만들면 오리지널 느낌의 흑당시럽을 만들 수 있
어요.

COOL

바나나블랙펄그린밀크티

요즘 해외에서 핫한 바나나맛우유도 좋은 밀크티 재료가 될 수 있습니다.
녹차 베이스에 바나나맛우유를 조합하면 바나나향이 가향된 특별한 녹차
밀크티를 맛볼 수 있지요. 바나나향과 쌉쌀한 녹차, 타피오카펄의 쫄깃함을
한 잔으로 즐기세요.

ASSEMBLE

Tea Base	가루녹차 2작은술, 물 50ml, 각얼음 가득
Milk Products	바나나맛우유 150ml
Garnish	삶은 블랙 타피오카펄 30g **P245 참조**

RECIPE

a   다완에 가루녹차와 물 50ml를 넣고 가루녹차를 고르게 푼다.

b   잔에 미리 삶아 준비한 블랙 타피오카펄을 넣고 얼음을 가득 채운다.

c   차가운 바나나맛우유를 얼음 위에 붓는다.

d   개어놓은 ⓐ의 녹차를 바나나맛우유 위에 조심스럽게 따른다.

TIP 착향우유 사용 시에는 시럽 생략
바나나맛우유를 사용할 때는 시럽은 생략해도 좋
습니다. 착향된 시판우유의 경우 단맛이 강하므
로 시럽을 중복해 넣으면 너무 달아질 수 있어요.

VARIATION
MILK TEA

Base
가루녹차

COOL

망고그린밀크티

최근 카페에서 인기를 모으는 메뉴입니다. 망고퓨레의 상큼함과 진한
녹차, 우유가 한데 모여 상큼한 망고녹차우유의 맛을 내지요. 망고 과육을
잘게 다져 넣으면 달콤함까지 느낄 수 있습니다. 건조 망고를 잘게 다져서
사용해도 좋아요.

ASSEMBLE

Tea Base	가루녹차 2작은술, 물 50ml, 각얼음 가득
Milk Products	우유 150ml
Syrup	망고퓨레(망고 1/2개, 시럽 20ml)
Garnish	망고 약간

RECIPE

a 다완에 가루녹차와 물 50ml를 넣고 가루녹차를 고르게 푼다.

b 블렌더에 망고 1/2개와 시럽을 넣고 갈아 망고퓨레를 만든다.

c 잔에 망고퓨레를 넣고 얼음을 가득 채운다.

d 차가운 우유를 넣은 후 개어놓은 ⓐ의 녹차를 그 위에 조심스럽게 따른다.

e 가니시용 망고를 큐브모양으로 잘라 장식한다.

TIP ╱ **망고베이스를 활용해도 좋아**
망고퓨레를 만들 때는 가능한 생 망고를 활용해야
맛이 좋습니다. 생 망고를 구하기 어렵다면 포모
나, 세미 베버시티, 런던 브릭스 등에서 출시되는
망고 베이스 제품으로 맛과 향을 내주세요.

VARIATION
MILK TEA

Base
가루녹차

COOL

블루베리그린밀크티

세계 10대 슈퍼푸드로 꼽히는 블루베리로 시럽 맛에 변화를 주었습니다.
냉동 블루베리를 시럽에 으깨 넣으면 블루베리시럽이 되지요. 비주얼을
고려한다면 냉동 블루베리를 으깨지 않고 타피오카펄처럼 음료 하단에
깔리게 넣으세요.

ASSEMBLE

Tea Base	가루녹차 2작은술, 물 50ml, 각얼음 가득
Milk Products	우유 150ml
Syrup	냉동 블루베리 10개, 블루베리시럽 15ml **P239 참조**
Garnish	냉동 블루베리 5개

RECIPE

a   다완에 가루녹차와 물 50ml를 넣고 가루녹차를 고르게 푼다.

b   잔에 냉동 블루베리 10개와 블루베리시럽을 넣고 으깬다.

c   얼음을 가득 채우고 차가운 우유를 붓는다.

d   개어놓은 ⓐ의 녹차를 우유 위에 조심스럽게 따른다.

e   나머지 냉동 블루베리를 메뉴 위에 넣어 장식한다.

TIP   **냉동제품을 사용해야 향도 강해**
생 블루베리보다 냉동제품을 사용하세요. 생 블
루베리는 향이 부족한 반면 냉동 블루베리는 향
이 강하지요. 색도 진한 보라색을 띠어 음료로 만
들기 적합합니다.

COOL

그린요구르트블랙펄스무디

기존의 플레인 요구르트가 아닌 요구르트파우더를 활용한 메뉴입니다. 녹차,
우유, 요구르트파우더, 얼음을 함께 갈아 걸쭉한 스무디의 질감을 표현했지요.
전혀 어울릴 것 같지 않은 요구르트와 녹차의 조합이 흥미롭습니다.

ASSEMBLE

Tea Base	가루녹차 2작은술, 얼음 150g
Milk Products	우유 200ml, 휘핑크림 약간
Syrup	요구르트파우더 60g
Garnish	삶은 블랙 타피오카펄 20g **P245 참조**

RECIPE

a   블렌더에 우유와 가루녹차, 요구르트파우더, 얼음을 넣는다.

b   얼음이 슬러시가 될 만큼 곱게 간다.

c   잔에 휘핑크림을 살짝 넣고 ⓑ의 스무디를 조금 붓는다.

d   ⓒ의 방법으로 휘핑크림과 스무디를 번갈아가며 올린다.

e   메뉴 위에 미리 삶아 준비한 블랙 타피오카펄을 올려 장식한다.

TIP **휘핑크림과 스무디 겹겹이 올리기**
휘핑크림과 스무디를 차례차례 넣는 게 포인트입
니다. 휘핑크림을 잔 안쪽에 붙여 넣고 남은 부분
을 스무디로 채우듯 넣으세요. 이렇게 채워가면
마치 구름이 떠있는 듯한 메뉴를 만들 수 있어요.

VARIATION MILK TEA

Base
가루녹차

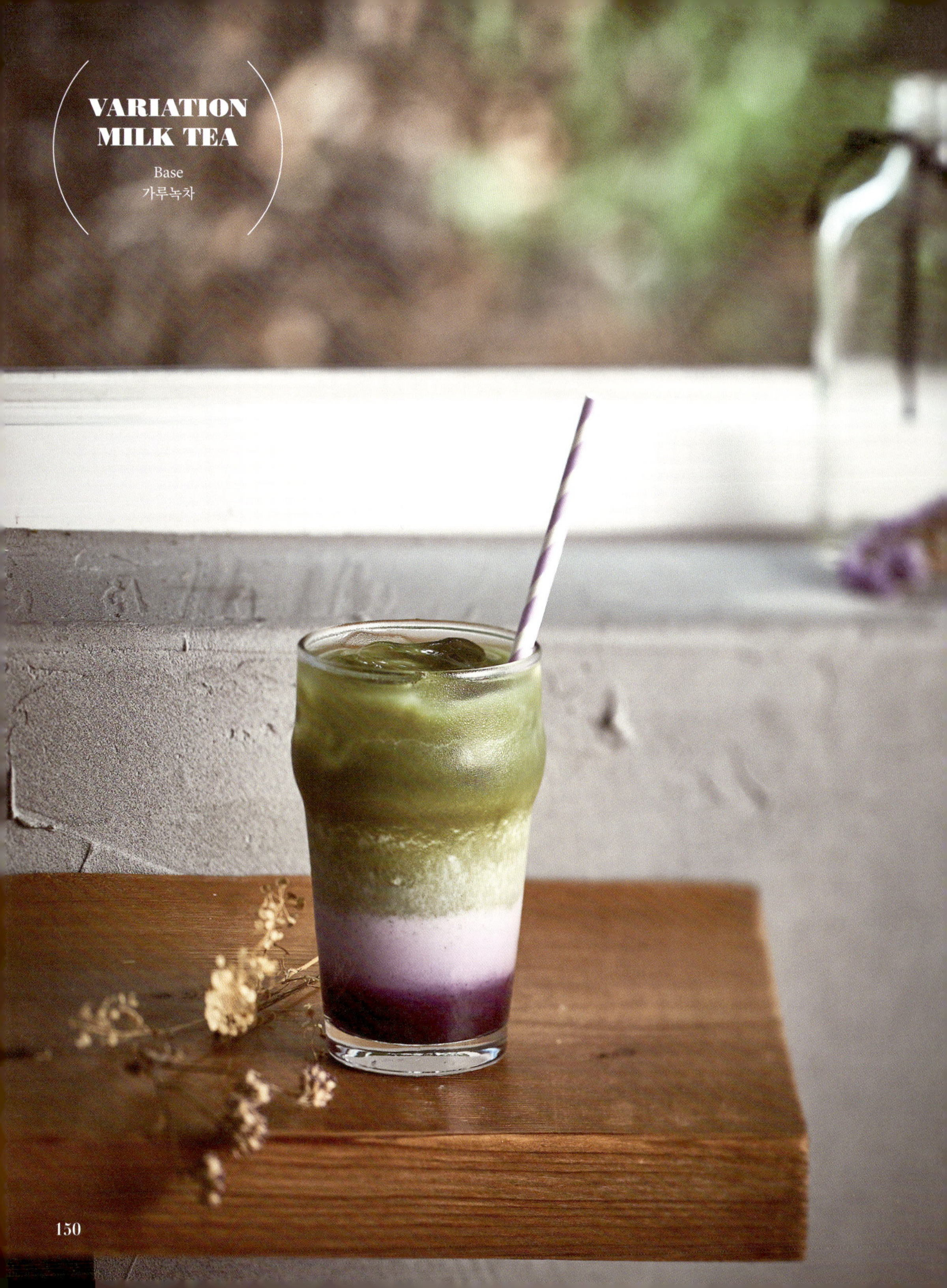

COOL

자색고구마그린밀크티

보라색의 자색고구마와 녹차의 녹색 매칭이 신선합니다. 당분이 들어 있는
자색고구마파우더와 우유를 섞어 시럽처럼 사용했지요. 우유와 녹차를
각각 넣으면 바이올렛, 화이트, 그린의 3단 컬러가 완성됩니다.

ASSEMBLE

Tea Base	가루녹차 2작은술, 물 50ml, 각얼음 가득
Milk Products	우유 150ml
Syrup	자색고구마파우더 40g

RECIPE

a   다완에 가루녹차와 물 50ml를 넣고 가루녹차를 고르게 푼다.

b   잔에 자색고구마파우더와 우유를 약간만 넣고 섞는다.

c   얼음을 가득 채우고 차가운 우유를 조심히 붓는다.

d   개어놓은 ⓐ의 녹차를 우유 위에 조심스럽게 따라 3단 컬러 레이어를
    완성한다.

TIP / **삶은 고구마 활용하기**
자색고구마파우더가 따로 없다면 자색고구마를
삶아 활용하세요. 자색고구마를 삶아 우유와 시
럽을 함께 블렌더에 넣고 갈면 되지요. 파우더 타
입보다 맛과 향이 더욱 진한 밀크티를 만들 수 있
습니다.

COOL

레몬그라스아이스볼그린밀크티

허브티에 가루녹차를 풀어 얼음으로 만들어 즐기는 메뉴입니다.
레몬그라스티에 녹차를 넣고 얼리면 레몬향과 은은한 풀향이 나지요.
시간이 지날수록 레몬그라스의 레모니한 향과 녹차의 고소한 향이 느껴지는
밀크티입니다.

ASSEMBLE

Tea Base	가루녹차 3작은술, 레몬그라스 2작은술, 끓인 물 300ml
Milk Products	우유 150ml
Syrup	시럽 10ml
Garnish	생 래몬그라스 슬라이스 1/3줄기

RECIPE

a   티포트를 뜨거운 물에 예열한다.

b   예열한 티포트에 레몬그라스와 끓인 물 300ml를 부어 5분간 진하게 우린다.

c   다완에 가루녹차와 ⓑ의 레몬그라스 우린 허브티를 넣어 가루녹차를 고르게
푼다.

d   아이스몰드에 ⓒ를 넣고 냉동실에서 6~7시간 정도 단단하게 얼린다.

e   아이스 큐브티가 얼려지면 잔에 시럽과 함께 넣는다.

f   우유를 따른 후 레몬그라스 슬라이스로 장식한다.

TIP / 말린 레몬그라스를 사용해도 무방

생 레몬그라스가 없다면 말린 레몬그라스를 이용
해도 되어요. 다만 레몬그라스 특유의 과일 뉘앙
스는 건조 시 많이 사라집니다. 가능하면 생 허브
를 사용하길 권해요.

PART 4

우롱차와 흑차로 만드는 밀크티

최근 차에 대한 소비가 늘어나면서 스페셜티 티(Specialty Tea)를
향한 니즈가 높아지고 있습니다. 세계 6대차에 속하는 우롱차와
흑차(보이차)가 대표적이지요. 6대차 중 가장 향이 뛰어난 우롱차와
다른 영역의 차로 알려진 흑차(보이차)로 특별한 밀크티를
만들어보세요. 스페셜한 밀크티를 맛볼 시간입니다.

향의 파라다이스, 우롱

차의 산화도가 15~75%로 폭넓은 우롱차는 향 또한 다양합니다. 꽃향, 꿀향,
과일향, 고소한 향, 바위향 등 저마다의 특색을 가지고 있어 차를 이용한
베리에이션 메뉴를 만들기에 좋지요. 향에 따라 청향, 농향, 화향, 과향, 밀향
등으로 나뉘는데 대표적으로 산화도가 낮아 깨끗한 풀향이 나는 청향우롱과
산화도를 높여 향이 진한 농향우롱 2가지를 밀크티 베이스로 다루었습니다.
하늘색, 분홍색의 특별한 색감을 내고 싶다면 청향우롱을, 진한 향과 맛의
밀크티를 원한다면 농향우롱을 추천합니다. 밀크티용 베이스 티를 만들 때는
1잔 기준(핫 메뉴 티포트 1개분) 5g의 우롱차를 5분 이상 우려 준비합니다.

부드러운 맛, 흑차(보이차)

미생물에 의해 발효시켜 만들었다 하여 후 발효차로도 불리는 흑차는 차의
떫고 쓴 느낌이 거의 없습니다. 대신 숙향이라 불리는 젖은 낙엽냄새, 흙냄새,
꼬리꼬리한 냄새 등이 있지요. 이러한 향은 차가 만들어진지 4~5년 이상이
되면 자연스럽게 사라집니다. 흑차는 홍차, 녹차, 우롱차와 달리 수렴성이
높지 않아 밀크티를 만들었을 때 부드러운 맛을 낼 수 있습니다. 밀크티
베이스용으로는 진하게 우러나는 보이숙차나 육보차를 추천합니다.
1잔 기준(핫 메뉴 티포트 1개분) 6g의 흑차를 5분 이상 진하게 우려
사용하세요. 차 맛을 올리고 싶다면 물의 양을 250ml에 맞추고 우유의
밀키함을 강조하고 싶다면 물의 양을 150ml 이하로 제한하세요.

OOLONG
&PUER TEA + MILK

우롱차&흑차 밀크티에
어울리는 티 블렌딩

자체의 맛과 향이 월등이 뛰어난 우롱차는 주로
스트레이트 티로 즐기지요. 블렌딩 역시 가향
위주입니다. 반면 발효 과정상 특유의 숙향을 지닌
흑차(보이차)는 향에 대한 호불호가 강해 여러
가지 방법으로 블렌딩되고 있습니다.

우롱차 + 말린 꽃

우롱차 블렌딩의 기본 공식입니다. 장미와 계화를
즐겨 사용하며 허브 중 캐모마일과 라벤더도 우롱차와
블렌딩합니다. 난향의 청향우롱에 꽃을 블렌딩하면
꽃향이 지배적인 밀크티 베이스를 만들 수 있지요.
반면 과실향, 꿀향의 농향우롱은 꽃과 만나 기존의
무거운 느낌이 화사하게 바뀝니다. 꽃을 블렌딩할
때는 10~20%가 적당합니다.

우롱차 + 말린 과일

우롱차에서 가장 많이 느껴지는 과일향은 바로 복숭아
향입니다. 여기에 다른 말린 과일이나 껍질을 블렌딩하여
다채로운 과일향을 연출합니다. 레몬 껍질이나 베리류의
향과 잘 어울리지요. 조금은 색다른 조합을 찾는다면
코코넛과의 블렌딩을 추천합니다. 향이 강한 과일은 20%,
향이 강하지 않은 과일은 30% 이상 섞어도 좋습니다.

흑차(보이차) + 향신료

강력한 흑차(보이차)의 숙향을 커버하기 위해 시나몬,
바닐라, 스타아니스, 넛맥(육두구) 등 다양한 향신료가
활용됩니다. 그중 시나몬은 달달한 향으로 흑차(보이차)의
숙향을 가려주어 즐겨 애용하지요. 흑차(보이차)에
향신료를 블렌딩할 때는 단일 향신료나 두 가지 이하로만
선택하고 차의 향을 가려지지 않도록 신경씁니다.

흑차(보이차) + 커피 or 카카오닙스

향이 강한 커피도 흑차(보이차)의 숙미를 가려줍니다.
블렌딩 시에는 커피가루가 아닌 원두를 이용하는데
원두의 로스팅 정도에 따라 향도 달라지므로 취향에 맞춰
선택하세요. 1잔 기준 원두 3~5알을 넣어 블렌딩하면 커피
향을 느낄 수 있습니다. 카카오닙스도 흑차(보이차)의
블렌딩 재료로 손꼽힙니다. 단 카카오닙스는 뜨거운 물에
우리면 지방성분이 우러나오므로 적은 양만 사용합니다.

우롱차&흑차 밀크티에 어울리는 부재료

우롱차와 흑차(보이차)는 녹차에 비해 캐릭터가 강한 편입니다. 각 차의 특징에 맞춰
부재료를 선택해야 튀지 않게 차의 캐릭터를 살릴 수 있습니다. 시럽이나 가니시로
매칭하기 좋은 부재료를 소개합니다.

멜론

다채로운 과일향이 느껴
지는 우롱차는 과일과 매
칭하기 좋습니다. 멜론
과육을 직접 메뉴에 넣거
나 멜론향을 입힌 가향우
롱차를 블렌딩하는 등 다
양한 방법으로 블렌딩하
세요.

복숭아&리치

우롱차 메뉴에 즐겨 쓰는
단골 재료입니다. 과육이
나 퓨레, 시럽 등 여러 타
입으로 밀크티의 맛과 향
을 조율할 수 있지요. 퓨
레나 시럽의 경우 당 성분
이 많이 들어 있으니 적당
량만 사용합니다.

오레오쿠키

오레오쿠키는 밀크티에 잘
어울리는 부재료 중 하나
입니다. 쿠키앤크림 형식의
메뉴를 만들 때 유용하며
우롱차를 이용한 밀크티
에도 어울리지요. 달콤한
메뉴를 만들 수 있습니다.

흑당

당밀에서 느껴지는 특유
의 향이 밀크티와 만나 캐
러멜향을 만들어냅니다.
달달한 향이 우롱차로 만
든 밀크티와 어울려요. 시
럽 형태로 사용하고, 1잔
기준 30ml 이하로 사용하
세요.

스타아니스&정향

스타아니스와 정향은 향
이 강하므로 너무 많은 양
을 사용하지 않습니다. 1잔
기준 스타아니스는 1/4개,
정향은 1알 정도만 넣습니
다. 가니시로 활용하면 은
은한 향의 메뉴를 만들 수
있습니다.

감초시럽

감초 달인 물에 설탕을 넣
어 만든 시럽입니다. 감초
시럽을 사용하면 감초의
달달한 향과 맛이 밀크티
를 풍부하게 살려줍니다.

버터

티베트에서 만들어 먹는
수유차의 주된 재료로 일
반 버터를 사용하면 됩니
다. 충분히 녹여 넣은 후
지방이 다 풀어질 때까지
저어 메뉴를 완성합니다.
약간의 소금을 더하면 그
맛이 풍부해집니다.

시트러스 필

레몬, 라임, 오렌지, 자몽
등 시트러스 과일 껍질 속
오일성분이 보이차 특유
의 숙미를 가려줍니다. 귤
껍질과 블렌딩한 '진피보
이차'도 유명하지요. 말린
과일 껍질을 차와 우리거
나 가니시로 장식합니다.

CLASSIC
MILK TEA

Base 청향우롱

COOL

아카시아허니우롱밀크티

청향우롱의 난꽃향과 아카시아꿀의 향이 만난 플라워리한 우롱 밀크티입니다.
청향(淸香)이라는 이름처럼 우롱차의 싱그럽고 신선한 느낌을 그대로
살렸지요. 보기에는 우유 빛깔처럼 보이지만 꽃향이 은은하게 퍼져 상당히
향기롭습니다. 안계철관음, 동정우롱청향, 고산우롱청향, 아리산우롱청향,
금훤청향 등이 대표적인 청향우롱차입니다.

ASSEMBLE

Tea Base	청향우롱 5g, 끓인 물 150ml, 각얼음 가득
Milk Products	우유 60ml
Syrup	아카시아꿀시럽 20ml

RECIPE

a 브루잉 티포트에 뜨거운 물을 부어 예열한다.

b ⓐ에 청향우롱차를 넣고 뜨거운 물을 100ml를 부어 10초간 차를 적신 뒤
물을 버린다.

c 다시 끓인 물 150ml를 부어 5분간 우린다.

d 차가 진하게 우러나면 차 거름망으로 찻잎을 걸러 상온까지 식힌다.

e 잔에 아카시아꿀시럽과 식힌 우롱차를 붓고 섞는다.

f 얼음을 가득 채우고 차가운 우유를 부어 마무리한다.

+ **아카시아꿀시럽 만들기** *200ml / 냉장보관 / 2주*

assemble 아카시아꿀 150ml, 끓인 물 50ml

1 소스팬에 아카시아꿀과 끓인 물을 넣어 꿀을 잘 녹인다.
2 상온까지 식혀 소독한 병에 넣고 냉장보관한다.

CLASSIC
MILK TEA
Base (좌)보이숙차 (우)농향우롱

HOT & HOT

우롱밀크티&보이숙차밀크티

농향우롱과 보이숙차 베이스의 기본 밀크티입니다. 농향우롱은 홍배(차를 건조시켜
로스팅하는 과정)를 오래 거쳐 청향우롱에 비해 진한 맛을 내지요. 보이숙차는 진한
차색에 비해 맛은 진하지 않으면서 기품 있지요. 밀크티로 만들면 중후한 느낌을
줍니다. 마트에서 판매하는 보이숙차파우더를 활용하는 것도 방법입니다. 기본
밀크티로 우롱차와 보이차의 차이를 느껴보세요.

ASSEMBLE

Tea Base **우롱밀크티** 농향우롱 5g, 끓인 물 300ml

보이숙차밀크티 보이숙차 5g, 끓인 물 300ml

Milk Products **우롱밀크티** 우유 60ml **보이숙차밀크티** 우유 100ml

Syrup 설탕 취향대로

RECIPE

우롱밀크티 a 브루잉 티포트에 뜨거운 물을 부어 예열한다.

b ⓐ에 농향우롱차를 넣고 뜨거운 물 100ml 정도를 부어 10초간 차를 적신 뒤
물을 버린다.

c 다시 끓인 물 300ml를 부어 5분간 우린다.

d 상온의 우유 60ml를 서빙 티포트에 넣는다.

e ⓓ 위에 차 걸음망을 올려 우린 차를 따르고 설탕을 넣어 섞는다.

보이숙차밀크티 a 브루잉 티포트에 뜨거운 물을 부어 예열한다.

b ⓐ에 보이숙차를 넣고 뜨거운 물 100ml 정도를 부어 15초간 차를 적신 뒤
물을 버린다.

c 다시 끓인 물 300ml를 부어 5분간 우린다.

d 상온의 우유 100ml를 서빙 티포트에 넣는다.

e ⓓ 위에 차 걸음망을 올려 우린 차를 따르고 설탕을 넣어 섞는다.

CLASSIC
MILK TEA

Base 보이숙차+감초

COOL

감초보이숙차밀크티

보이숙차에 감초를 블렌딩했습니다. 감초와 황기는 독성이 거의 없어 여러
블렌딩에 즐겨 사용되지요. 감초의 달달한 맛과 향이 보이숙차의 강한
숙미를 가려주어 음용하기 좋은 차로 바꾸어줍니다. 우유와 섞어 부드러운
느낌의 감초보이숙차밀크티를 경험해보세요.

ASSEMBLE

Tea Base 보이숙차 5g, 말린 감초 2개, 끓인 물 150ml, 각얼음 가득
Milk Products 우유 100ml
Syrup 설탕 취향대로

RECIPE

a 브루잉 티포트에 뜨거운 물을 부어 예열한다.

b ⓐ에 보이숙차를 넣고 뜨거운 물 100ml 정도를 부어 15초간 차를 적신 뒤
물을 버린다.

c ⓑ에 감초와 끓인 물 150ml를 넣고 5분간 차를 우린다.

d 차가 진하게 우러나면 차 거름망으로 찻잎을 걸러 설탕을 넣고 상온까지
식힌다.

e 잔에 얼음을 채우고 식힌 차를 붓는다.

f 차가운 우유를 따르고 감초를 올려 장식한다.

TIP / 감초는 잘게 잘라 넣어야

감초를 블렌딩할 때는 작게 잘라 넣어주세요. 조
각이 너무 크면 감초의 맛과 향이 5분 동안 충분
히 우러나오지 않아요.

CLASSIC
MILK TEA

Base 계화우롱

HOT & COOL

계화우롱밀크티

계화는 금목서, 만리향이라 불리는 계수나무 꽃을 말합니다. 복숭아와
살구향도 있어 향수로도 만들어지죠. 우롱차와 계화는 대만과 중국에서
즐기는 블렌딩 조합입니다. 각종 과일향과 꽃향을 동시에 즐길 수 있지요.
교양차행, 왕덕전, 오유태, 영기차창, 천복명차 등이 유명한 브랜드입니다.

ASSEMBLE

Tea Base	계화우롱 5g
	HOT 끓인 물 170ml COOL 끓인 물 170ml+각얼음 가득
Milk Products	우유 80ml
Syrup	시럽 15ml
Garnish	계화 약간

RECIPE

Hot

a 브루잉 티포트에 뜨거운 물을 부어 예열한다.

b ⓐ에 계화우롱을 넣고 뜨거운 물 100ml 정도를 부어 10초간 차를 적신
뒤 물을 버린다.

c 다시 끓인 물 170ml를 부어 5분간 우린다.

d 차가 진하게 우러나면 차 거름망으로 찻잎을 걸러 잔에 따른다.

e 예열한 잔에 시럽을 넣고 우린 차를 부어 섞는다.

f 우유를 적당히 데워 붓고 그 위에 계화로 장식한다.

Cool

a 브루잉 티포트에 뜨거운 물을 부어 예열한다.

b ⓐ에 계화우롱을 넣고 뜨거운 물 100ml 정도를 부어 10초간 차를 적신 뒤
물을 버린다.

c 다시 끓인 물 170ml를 부어 5분간 우린다.

d 차가 진하게 우러나면 차 거름망으로 찻잎을 걸러 상온으로 식힌다.

e 잔에 시럽을 넣고 우린 차를 부어 섞는다.

f 얼음을 가득 채우고 차가운 우유를 붓는다.

CLASSIC
MILK TEA

Base 피치우롱

COOL

피치우롱밀크티

복숭아향이 나는 가향우롱차에 복숭아 과육을 직접 넣은 우롱 밀크티입니다.
생 과일을 구하기 어렵다면 복숭아로 만든 퓨레를 활용하세요. 복숭아향의
시럽과 퓨레만 있다면 일반 우롱차로도 만들 수 있지요. 싱그러운 복숭아의
맛과 향을 만끽하세요.

ASSEMBLE

Tea Base	피치우롱티 티백 2~3개(5g), 물 150ml, 각얼음 가득
Milk Products	우유 100ml
Syrup	시럽 20ml, 복숭아(백도) 1/4개
Garnish	복숭아 슬라이스 3~4개

RECIPE

a   밀크팬에 물 150ml를 붓고 100℃까지 끓인다.

b   물이 끓으면 피치우롱티 티백을 넣고 약불에서 진하게 우린다.

c   차가 진하게 우러나면 불을 끄고 티백을 제거해 상온까지 식힌다.

d   시럽용 복숭아를 잘게 자른다.

e   잔에 시럽과 잘게 자른 복숭아를 넣고 얼음을 가득 채운다.

f   차가운 우유를 부은 후 식힌 차를 따른다.

g   복숭아 슬라이스로 장식한다.

TIP ╱ **다양한 피치가향우롱차에서 선택**
피치우롱은 인기가 많은 가향우롱차입니다. 각
브랜드마다 향의 뉘앙스가 조금씩 다르니 취향에
맞게 고르세요. 티젠, 타바론, 리쉬티, 쌍계명차
등의 브랜드가 있습니다. 이번 메뉴는 타바론의
피치우롱을 사용했습니다.

VARIATION
MILK TEA

Base
농향우롱

168

COOL

레몬크림치즈폼우롱밀크티

진한 우롱 밀크티와 치즈케이크를 함께 맛보는 느낌의 메뉴입니다. 기본적인
우롱 밀크티에 크림을 올린 구조로 크림의 종류에 따라 다양한 메뉴로의 변형도
가능하지요. 특히 레몬, 라임, 자몽크림이 농향우롱과 잘 어울립니다. 메뉴에 우유를
넣지 않으면 치즈크림폼이 올라간 치즈티로 즐길 수 있지요.

ASSEMBLE

Tea Base	농향우롱 5g, 물 150ml, 각얼음 가득
Milk Products	우유 100ml, 레몬크림치즈폼 80ml
Syrup	시럽 15ml
Garnish	레몬 제스트 약간

RECIPE

a   밀크팬에 물 150ml를 붓고 100℃까지 끓인다.

b   물이 끓으면 농향우롱을 넣고 약불에서 진하게 우린다.

c   차가 진하게 우러나면 불을 끄고 차 거름망으로 찻잎을 걸러 상온까지 식힌다.

d   잔에 시럽을 넣고 식힌 차를 넣고 섞는다.

e   얼음을 가득 채우고 차가운 우유를 붓는다.

f   우유 위에 레몬크림치즈폼을 붓고 레몬 제스트를 뿌려 장식한다.

+ 레몬크림치즈폼 만들기 *80g / 즉시 섭취*

assemble 레몬 제스트 1개분, 크림치즈(필라델피아) 1작은술,
연유 10ml, 설탕 2작은술, 소금 두 꼬집, 생크림 70ml

1 믹싱볼에 레몬 제스트와 크림치즈, 연유, 설탕, 소금을 넣고 섞는다.
2 다른 볼에 생크림을 넣고 천천히 흐를 정도가 될 때까지 휘핑한다.
3 치즈믹싱볼에 넣고 섞어 완성한다.

VARIATION MILK TEA

Base
보이숙차

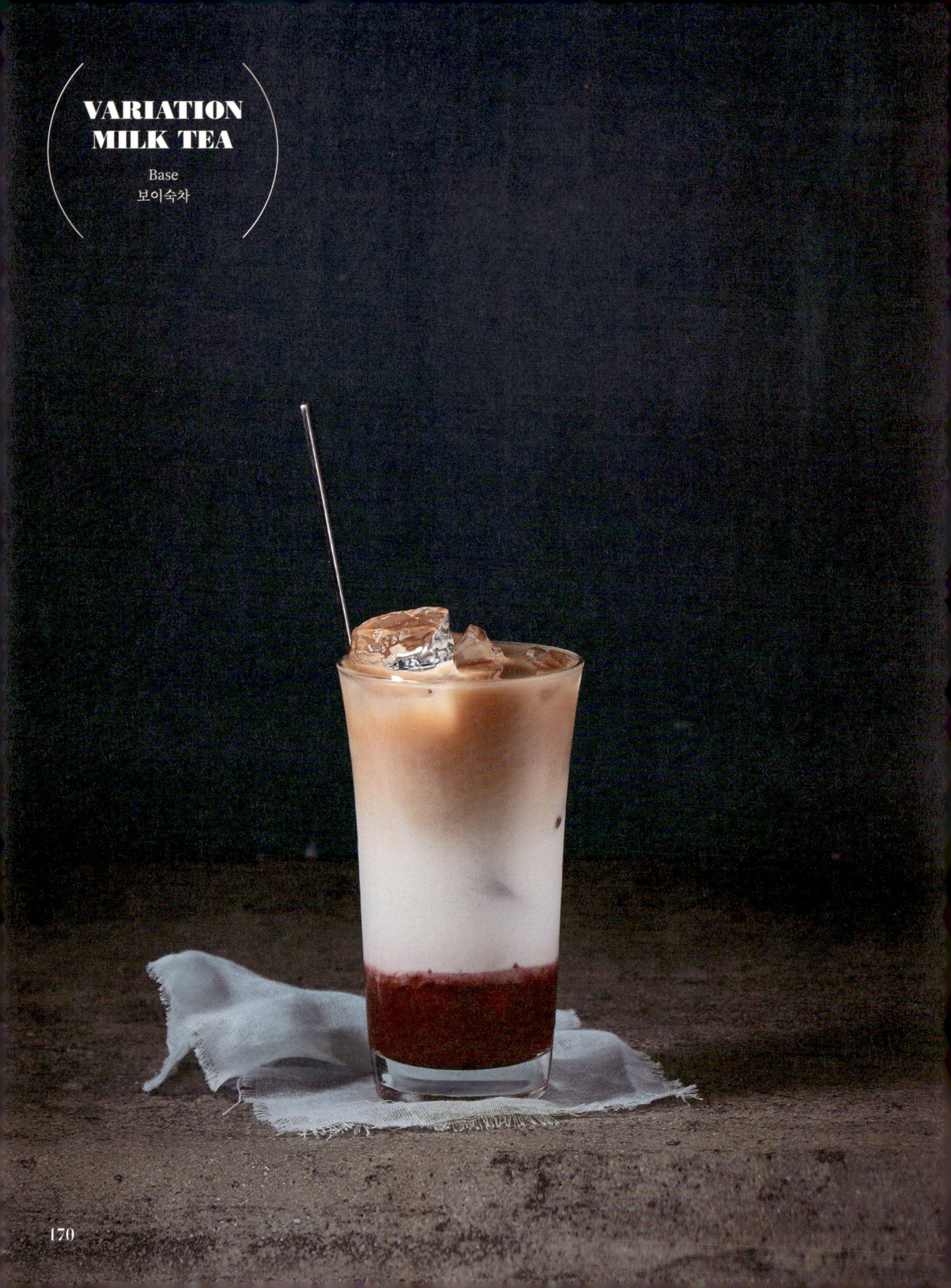

헤이즈넛딸기푸얼밀크티

헤이즐넛의 고소함과 딸기의 상큼함이 보이숙차와 어우러져 색다른 밀크티가
완성되었습니다. 메뉴의 포인트는 딸기청과 헤이즐넛시럽, 우유, 보이숙차가
이루어내는 컬러 레이어이지요. 헤이즐넛을 직접 볶아서 시럽을 만들면 고소함이
배가되어 더욱 맛나요.

ASSEMBLE

Tea Base	보이숙차 5g, 끓인 물 150ml, 각얼음 가득
Milk Products	우유 80ml
Syrup	헤이즐넛시럽 10ml, 딸기청 15ml

RECIPE

a 브루잉 티포트에 뜨거운 물을 부어 예열한다.

b ⓐ에 보이숙차를 넣고 뜨거운 물 100ml 정도를 부어 15초간 차를 적신 뒤
물을 버린다.

c 다시 끓인 물 150ml를 부어 5분간 우린다.

d 잔에 헤이즐넛시럽과 딸기청을 넣고 섞는다.

e 얼음을 가득 채우고 그 위에 차가운 우유를 조심히 따른다.

f 우린 차를 차 거름망으로 찻잎을 제거한 후 잔에 조심스럽게 따른다.

+ **헤이즐넛시럽 만들기** *250ml / 냉장보관 / 2주*

assemble 물 300ml, 설탕 300g, 헤이즐넛 150g

1 프라이팬에 헤이즐넛을 넣고 노릇하게 볶은 후 충분히 식혀 굵게 다진다.
2 밀크팬에 물과 설탕을 넣고 강불에서 설탕이 충분히 녹인다.
3 약불로 줄여 볶아 다진 헤이즐넛을 넣고 10~15분 더 끓인다.
4 불을 끄고 상온까지 식힌 후 헤이즐넛을 걸러 소독한 병에 담아
냉장보관한다.

VARIATION
MILK TEA

Base
청향우롱+버터플라이 피 플라워

COOL

블루우롱밀크티

버터플라이 피 플라워와 우롱차를 블렌딩해 만든 하늘색의 밀크티입니다.
버터플라이 피 플라워의 양에 따라 밀크티의 색도 달라지지요. 다만 색의 차이와
상관없이 향의 변화는 거의 없습니다. 파스텔톤의 하늘색이 청향우롱의 산뜻한
맛과 잘 어울려요.

ASSEMBLE

Tea Base	청향우롱 5g, 버터플라이 피 플라워 10개, 끓인 물 150ml, 각얼음 가득
Milk Products	우유 60ml
Syrup	시럽 15ml
Garnish	버터플라이 피 플라워 약간

RECIPE

a   브루잉 티포트에 뜨거운 물을 부어 예열한다.

b   ⓐ에 청향우롱을 넣고 뜨거운 물 100ml 정도를 부어 10초간 차를 적신 뒤
　　물을 버린다.

c   ⓑ에 버터플라이 피 플라워와 끓인 물 150ml를 부어 5분간 우린다.

d   차가 진하게 우러나면 찻잎을 제거한 후 상온까지 식힌다.

e   잔에 시럽과 식힌 차를 넣고 섞은 후 얼음을 가득 채운다.

f   차가운 우유를 조심히 붓고 버터플라이 피 플라워로 장식한다.

TIP **블루멜로우로도 비슷한 컬러 효과 가능**
버터플라이 피 플라워와 비슷한 효과를 내는 꽃
차로 블루멜로우가 있습니다. 블루멜로우는 온도
에 따라 색이 변하는데, 뜨거운 물에 우리면 청녹
색에 가까워지니 온도에 주의하세요.

HOT

수유차

흔히 '버터티'라고 불리는 티베트의 대표차입니다. 오리지널 수유차는 우유가
아닌 야크버터를 이용해 만들지요. 책에서는 야크버터 대신 무염 버터와 우유를
넣어 밀크티로 만들었습니다. 약간의 소금을 넣어 고소함을 살렸지요. 소금의
양이 많아지면 쓴맛이 올라올 수 있으니 주의하세요.

ASSEMBLE

Tea Base	보이숙차 4g, 끓인 물 250ml
Milk Products	무염 버터 5g, 우유 50ml
Syrup	미숫가루 1/8작은술, 소금 두 꼬집

RECIPE

a 프렌치 프레스에 보이숙차를 넣고 뜨거운 물 100ml 정도를 부어 15초간
차를 씻는다.

b 프렌치 프레스의 찻물을 버리고 다시 끓인 물 250ml를 부어 5분간 차를
우린다.

c 차가 진하게 우러나면 무염 버터와 적당히 데운 우유, 미숫가루, 소금을 넣고
프렌치 프레스를 위아래로 교반한다.

d 재료가 한데 섞이면 차 거름망에 따라 걸러 완성한다.

TIP / **돔부 대신 프렌치 프레스 활용하기**
수유차는 돔부라는 도구로 만드는데, 프렌치 프레
스로도 가능합니다. 만약 프렌치 프레스가 없다면
밀크팬을 이용해 만드세요. 로얄밀크티와 같은 방
식으로 만들면 되는데, 버터를 넣은 후에는 지방
성분이 뭉치지 않도록 계속 저어주세요.

아니스커피푸얼밀크티

보이숙차에 스타아니스, 원두커피를 블렌딩해 색다른 향을 내는 밀크티입니다.
달달한 향의 향신료 스타아니스와 특유의 커피향이 보이숙차의 숙미를
잡아주지요. 모두 향이 강한 재료이므로 반드시 양을 지켜야 합니다.

ASSEMBLE

Tea Base	보이숙차 5g, 스타아니스 1/2개, 원두커피 3알
	HOT 끓인 물 200ml **COOL** 끓인 물 200ml+각얼음 가득
Milk Products	우유 80ml
Syrup	시럽 10ml
Garnish	스타아니스 1개, 원두커피 2알

RECIPE

Hot

a 브루잉 티포트에 뜨거운 물을 부어 예열한다.

b ⓐ에 보이숙차를 넣고 뜨거운 물 100ml 정도를 부어 15초간 차를 적신 뒤 물을 버린다.

c ⓑ에 스타아니스 1/2개, 원두커피 3알, 끓인 물 200ml를 넣고 5분간 우린다.

d 예열한 잔에 시럽을 넣고 차 거름망을 올려 ⓒ를 따른다.

e 우유를 적당히 데워 조심히 붓고 스타아니스와 원두커피로 장식한다.

Cool

a 브루잉 티포트에 뜨거운 물을 부어 예열한다.

b ⓐ에 보이숙차를 넣고 뜨거운 물 100ml 정도를 부어 15초간 차를 적신 뒤 물을 버린다.

c ⓑ에 스타아니스 1/2개, 원두커피 3알, 끓인 물 200ml를 넣고 5분간 우린다.

d 차가 진하게 우러나면 찻잎과 부재료를 제거한 후 상온까지 식힌다.

e 잔에 시럽을 넣고 얼음을 가득 채우고 식힌 차를 붓는다.

f 차가운 우유를 조심히 붓고 스타아니스와 원두커피로 장식한다.

멜론우롱밀크티

멜론의 달콤하고 부드러운 맛이 청향우롱을 만나 화사하게 변신합니다.
멜론으로 만든 우유를 넣어 맛이 단조롭지 않지요. 바닐라아이스크림의 양을
조금 줄이면 멜론의 맛과 향을 높일 수 있습니다. 시판 중인 멜론맛우유를
활용해 간단하게 만들 수도 있어요.

ASSEMBLE

Tea Base	청향우롱 5g, 끓인 물 150ml, 각얼음 가득
Milk Products	멜론우유 100ml
Garnish	멜론 껍질

RECIPE

a   브루잉 티포트에 뜨거운 물을 부어 예열한다.

b   ⓐ에 청향우롱을 넣고 뜨거운 물 100ml 정도를 부어 10초간 차를 적신 뒤
물을 버린다.

c   ⓑ에 끓인 물 150ml를 부어 5분간 우린다.

d   차가 진하게 우러나면 차 거름망으로 찻잎을 걸러 상온까지 식힌다.

e   잔에 얼음을 가득 채우고 우린 차를 붓는다.

f   미리 차갑게 준비한 멜론우유를 따르고 멜론 껍질로 장식한다.

+ **멜론우유 만들기** *250ml / 즉시 섭취*

assemble 멜론 1/4개, 바닐라아이스크림 3스쿱, 우유 100ml

1 멜론을 4등분하여 씨를 제거한 후 껍질을 벗긴다.
2 블렌더에 멜론 과육과 바닐라아이스크림, 우유를 넣고 건더기가
없어질 때까지 갈아 완성한다.

HOT & COOL

페퍼민트초코푸얼밀크티

보이숙차와 페퍼민트, 카카오닙스를 블렌딩하여 베이스 티를 만듭니다.
페퍼민트의 시원함과 카카오닙스의 초콜릿향이 은은하게 어울리지요. 블렌딩용
부재료의 양은 각자 취향에 맞춰 조절해도 좋습니다. 다만 카카오닙스를 너무
많이 넣으면 그 속의 지방성분이 우러나오니 주의해주세요.

ASSEMBLE

Tea Base	보이숙차 5g, 페퍼민트 1/4작은술, 카카오닙스 1/4작은술
	HOT 끓인 물 200ml COOL 끓인 물 200ml+각얼음 가득
Milk Products	우유 80ml
Syrup	시럽 20ml
Garnish	민트잎 약간

RECIPE

Hot a 브루잉 티포트에 뜨거운 물을 부어 예열한다.

b ⓐ에 보이숙차를 넣고 뜨거운 물 100ml 정도를 부어 15초간 차를 적신
뒤 물을 버린다.

c ⓑ에 페퍼민트, 카카오닙스, 끓인 물 200ml를 넣고 5분간 우린다.

d 예열한 잔에 시럽을 넣고 차 거름망을 올려 찻잎과 허브를 걸러 따른다.

e 우유를 적당히 데워 조심히 붓고 민트잎으로 장식한다.

Cool a 브루잉 티포트에 뜨거운 물을 부어 예열한다.

b ⓐ에 보이숙차를 넣고 뜨거운 물 100ml 정도를 부어 15초간 차를 적신
뒤 물을 버린다.

c ⓑ에 페퍼민트, 카카오닙스, 끓인 물 200ml를 넣고 5분간 우린다.

d 진하게 우리나면 찻잎과 허브를 걸러 상온까지 식힌다.

e 잔에 시럽을 넣고 얼음을 가득 채운 후 식힌 차를 붓는다.

f 차가운 우유를 조심히 붓고 민트잎으로 장식한다.

크렘브륄레우롱버블밀크티

커스터드크림 위에 설탕을 뿌리고 토치로 구운 크렘브륄레 형태의 우롱
버블밀크티입니다. 크렘브륄레는 커스터드크림을 이용한 프랑스의 대표적인
디저트로 겉은 뜨겁고 속은 차가운 특별한 디저트이지요. 설탕을 토칭해 만든
캐러멜의 맛도 일품입니다. 우롱 밀크티와 크렘브륄레를 함께 즐겨보세요.

ASSEMBLE

Tea Base	농향우롱 5g, 물 150ml, 각얼음 가득
Milk Products	우유 100ml, 커스터드크림 70ml P243 참조
Syrup	시럽 15ml, 설탕 한 꼬집
Garnish	삶은 블랙 타피오카펄 30g P245 참조

RECIPE

a   밀크팬에 물 150ml를 붓고 100℃까지 끓인다.

b   물이 끓으면 농향우롱을 넣고 약불에서 진하게 우린다.

c   차가 진하게 우러나면 불을 끄고 차 거름망으로 찻잎을 걸러 상온까지 식힌다.

d   잔에 미리 삶아 준비한 블랙 타피오카펄과 시럽, 식힌 차를 따라 섞는다.

e   얼음을 가득 채우고 차가운 우유를 붓는다.

f   커스터드크림을 잔 위에 올리고 설탕을 그 위에 뿌린다.

g   토치를 이용해 설탕을 녹인다.

TIP / **토치는 약간 떨어져 사용**
레시피의 하이라이트는 설탕을 토치로 녹이는 과
정입니다. 토치의 잔열로 서서히 설탕을 녹이는
것이지요. 너무 가까이에서 토치로 가열하면 설
탕이 타버리기 쉬우니 주의하세요.

COOL

시나몬레이즌푸얼밀크티

건포도와 시나몬의 궁합은 유명하지요. 시나몬파우더의 스파이시한 향과
건포도의 달달함이 보이숙차와 만나 기분 좋은 밀크티를 만들어냅니다. 맛의
핵심인 건포도시럽을 만들 때는 건포도를 최대한 오래 우렸다가 사용하세요.
오래 우릴수록 시럽 속 건포도의 맛과 향이 강해져요.

ASSEMBLE

Tea Base	보이숙차 5g, 끓인 물 150ml, 각얼음 가득
Milk Products	우유 100ml
Syrup	건포도시럽 20ml, 시나몬파우더 한 꼬집
Garnish	시나몬스틱 1개, 건포도 6~7알

RECIPE

a   브루잉 티포트에 뜨거운 물을 부어 예열한다.

b   ⓐ에 보이숙차를 넣고 뜨거운 물 100ml 정도를 부어 15초간 차를 적신 뒤
물을 버린다.

c   다시 끓인 물 150ml를 넣어 5분간 차를 우린다.

d   차가 진하게 우러나면 찻잎을 제거한 후 상온까지 식힌다.

e   잔에 건포도시럽과 시나몬파우더를 넣고 차가운 우유를 부어 섞는다.

f   잔에 얼음을 가득 채우고 식힌 차를 조심스럽게 붓는다.

g   시나몬스틱을 잔 속에 꽂고 건포도는 칵테일 픽을 이용해 장식한다.

+ 건포도시럽 만들기 *300ml / 냉장보관 / 2주*

assemble 건포도 200g 물 200ml, 설탕 200g

1 밀크팬에 건포도와 끓인 물 200ml를 넣고 10분간 건포도를 우린다.
2 설탕과 함께 팬에 넣고 강불에 올린다.
3 설탕이 다 녹으면 약불로 줄여 5분간 더 가열해 거름망에 거른다.
4 상온까지 식힌 후 시럽을 소독한 병에 담아 냉장보관한다.

VARIATION MILK TEA

Base
농향우롱

오레오크림우롱밀크티

크림에 오레오쿠키를 추가하여 재미있는 크림을 만들었습니다. 오레오크림으로
디저트 느낌이 강한 우롱 밀크티를 만들어보세요. 분쇄 타입의 쿠키를 사용하면
식감이 살아 더 맛있는 오레오크림을 만들 수 있습니다.

ASSEMBLE

Tea Base	농향우롱 5g, 물 150ml, 각얼음 가득
Milk Products	우유 100ml
Syrup	시럽 20ml, 오레오크림 60ml
Garnish	오레오쿠키가루 약간

RECIPE

a 밀크팬에 물 150ml를 붓고 100℃까지 끓인다.

b 물이 끓으면 농향우롱을 넣고 약불에서 진하게 우린다.

c 차가 진하게 우러나면 불을 끄고 차 거름망으로 찻잎을 걸러 상온까지 식힌다.

d 잔에 시럽을 넣고 식힌 차를 따라 섞는다.

e 얼음을 가득 채우고 차가운 우유를 붓는다.

f 준비한 오레오크림을 올리고 오레오쿠키가루를 뿌려 마무리한다.

+ **오레오크림 만들기** *60ml / 즉시 섭취*

assemble 오레오쿠키가루 1작은술, 휘핑크림(생크림 60ml, 설탕
2작은술)

믹싱볼에 생크림과 설탕을 넣고 단단하게 휘핑한 후
오레오쿠키가루를 넣고 섞는다.

COOL

스트로베리그린펄우롱밀크티

시판 딸기맛우유만으로도 고급스러운 느낌의 밀크티를 만들 수 있습니다.
가공우유를 활용하면 컬러는 물론 맛까지 새롭게 조율할 수 있지요. 베이스
티와 가공우유 원재료와의 궁합을 고려해 다양한 메뉴를 만들어보세요.

ASSEMBLE

Tea Base	청향우롱 5g, 끓인 물 100ml, 각얼음 가득
Milk Products	딸기맛우유 100ml
Garnish	삶은 그린 타피오카펄 30g **P245 참조**

RECIPE

a 브루잉 티포트에 뜨거운 물을 부어 예열한다.

b ⓐ에 청향우롱을 넣고 뜨거운 물 100ml 정도를 부어 10초간 차를 적신 뒤
물을 버린다.

c ⓑ에 끓인 물 100ml를 넣고 5분간 우린다.

d 차가 진하게 우러나면 차 거름망으로 찻잎을 걸러 상온까지 식힌다.

e 잔에 미리 삶아 준비한 그린 타피오카펄을 넣는다.

f 얼음을 가득 채우고 차가운 딸기맛우유를 붓는다.

g 식힌 차를 조심스럽게 따라 마무리한다.

TIP / **시판 딸기맛우유 사용 시 시럽은 생략**
가공우유를 사용할 때는 시럽은 생략해도 됩니
다. 가공우유 안에 당 성분이 들어 있으니 반드시
맛을 보고 추가하세요. 밀크티의 차향이 잘 느껴
지지 않는다면 차의 양을 늘려줍니다.

VARIATION
MILK TEA

Base
보이숙차

HOT & COOL

로즈화이트푸얼밀크티

화이트초콜릿과 장미는 많은 메뉴에 즐겨 쓰이는 조합입니다. 보이숙차
베이스와도 향이 잘 맞지요. 밀크팬에 보이숙차를 끓여가며 우릴 때는 차의
진하기 조절에 신경써주세요. 3분이면 충분히 차가 진하게 우려집니다.
자신의 취향을 잘 알아두면 도움이 됩니다.

ASSEMBLE

Tea Base	보이숙차 5g **HOT** 끓인 물 200ml **COOL** 끓인 물 150ml+각얼음 가득
Milk Products	우유 100ml
Syrup	화이트 초콜릿소스 15ml, 로즈시럽 10ml
Garnish	로즈페탈 약간

RECIPE

Hot

a 밀크팬에 보이숙차를 넣고 뜨거운 물을 100ml 정도 붓고 15초간 차를
씻는다.

b ⓐ의 우린 차를 버리고 끓인 물 200ml를 넣고 강불에서 진하게 우려질
때까지 끓인다.

c 차가 진하게 우려지면 불을 끄고 차 거름망으로 찻잎을 걸러 잔에 따른다.

d 화이트 초콜릿소스와 로즈시럽을 넣고 섞는다.

e 우유를 적당히 데워 따르고 로즈페탈로 장식한다.

Cool

a 밀크팬에 보이숙차를 넣고 뜨거운 물을 100ml 정도 붓고 15초간 차를
씻는다.

b ⓐ의 우린 차를 버리고 끓인 물 150ml를 넣고 강불에서 진하게 우려질
때까지 끓인다.

c 차가 진하게 우려지면 불을 끄고 차 거름망으로 찻잎을 걸러 상온까지
식힌다.

d 잔에 화이트 초콜릿소스와 로즈시럽, 차가운 우유를 넣고 섞는다.

e 얼음을 가득 채우고 식힌 차를 따른 후 로즈페탈로 장식한다.

COOL

리치로즈우롱밀크티

리치시럽과 로즈시럽을 이용해 기존에 맛보지 못했던 밀크티를 완성했습니다. 로즈시럽과 그라나딘시럽은 시판제품을 활용하고, 리치시럽은 통조림 제품을 활용해 만들어보세요. 칵테일 픽에 리치를 끼워 잔 위에 올리고 로즈페탈을 뿌리면 멋진 칵테일 한잔을 마주한 기분이 듭니다.

ASSEMBLE

Tea Base	청향우롱 5g, 물 150ml, 각얼음 가득
Milk Products	우유 100ml
Syrup	로즈시럽 10ml, 리치시럽 15ml, 그라나딘시럽 5ml, 소금 한 꼬집
Garnish	리치 1개, 로즈페탈 약간

RECIPE

a 밀크팬에 물 150ml를 붓고 100℃까지 끓인다.

b 물이 끓으면 청향우롱을 넣고 약불에서 진하게 우린다.

c 차가 진하게 우러나면 불을 끄고 차 거름망으로 찻잎을 걸러 상온까지 식힌다.

d 잔에 로즈시럽과 리치시럽, 그라나딘시럽, 소금을 넣고 섞는다.

e 우린 차를 부은 후 얼음을 가득 채우고 우유를 따른다.

f 칵테일 픽에 리치를 꽂아 잔 위에 걸치고 로즈페탈로 장식한다.

+ 리치시럽 만들기 *250ml / 냉장보관 / 2주*

assemble 냉동 리치 1컵, 물 200ml, 설탕 200g

1 냉동 리치는 살짝 해동해 껍질과 씨를 제거한다.
2 소스팬에 물을 부어 끓이다 설탕을 넣어 녹인다.
3 손질한 리치를 넣고 10분간 끓인 후 불을 끄고 상온까지 식힌다.
4 시럽이 식으면 리치를 제거하고 소독한 병에 담아 냉장보관한다.

PART 5

허브티로 만드는 밀크티

풀을 뜻하는 라틴어의 '헤르바(Herba)'에서 유래한
허브는 그 종류가 헤아릴 수 없이 다양합니다. 여느
차와 달리 카페인 성분이 전혀 없고 각각의 약용성분이
있어 많은 이들의 사랑을 받고 있지요. 로즈마리,
페퍼민트, 캐모마일, 라벤더, 히비스커스, 루이보스 등
흔히 알고 있는 허브로도 밀크티를 만들 수 있습니다.
식물의 잎, 꽃, 열매를 베이스로 한 맛있는 허브 밀크티
공식을 소개합니다.

허브의 캐릭터 공부

허브 밀크티 작업에 앞서 먼저 각각의 허브가 지닌 캐릭터를
알아두어야 합니다. 붉은색의 신맛을 띄는 히비스커스와 로즈
힙은 유제품의 ph를 변화시키는 유기산 성분이 함유되어 있어
밀크티에는 어울리지 않지요. 반면 남아프리카에서 생산되는
루이보스는 레드티라 불리며 홍차를 대신해 밀크티로 즐기고
있습니다. 또한 프레시한 향의 페퍼민트와 바질, 레몬그라스는
여름철 메뉴에, 사과향의 캐모마일은 가을, 겨울철 메뉴에 잘
어울립니다.

말린 허브 or 허브시럽 or 생 허브

허브 밀크티 베이스를 만드는 대중적인 방법은 말린 허브를
진하게 우려 우유와 섞는 것입니다. 허브 성분이 응축되어
향이 강한 반면 신선한 향은 덜합니다. 허브티를 설탕에 졸인
허브시럽은 밀크티를 만드는 효율적인 방법이지만 단맛을 없앨
수 없는 단점이 있지요. 생 허브는 밀크티 베이스로는 낯설지만
머들링을 통해 허브의 정유를 충분히 나오게 하면 프레시한
허브 밀크티를 만들 수 있습니다.

허브를 우리는 물의 양이 핵심

밀크티 1잔 기준(핫 메뉴 티포트 1개분)에 필요한 허브의 양은
말린 허브 3g입니다. 진한 허브 밀크티 베이스를 만들려면
스트레이트 허브티와 비교해 허브의 양은 2~3배 늘리되 물의
양은 150~200ml로 절반가량 줄여야 합니다. 생 허브보다는
말린 허브를 사용하고 티백은 2~3개를 사용합니다.

HERB-TEA+MILK

허브 밀크티에
어울리는 티 블렌딩

허브 블렌딩은 각양각색의 허브 종류만큼이나
그 폭도 넓습니다. 허브+허브, 허브+과일,
허브+향신료 등 다양한 블렌딩이 가능하지요.
이 모두에 기준이 있다면 베이스 허브티의 향을
방해하지 않아야 한다는 것입니다. 블렌딩하는
부재료의 비중은 베이스 허브 양의 1/2을 넘지
않아야 합니다.

  ### 허브티 + 허브

기본 블렌딩으로 허브티 베이스에 다른 허브를
블렌딩합니다. 허브끼리의 블렌딩 기준은 비슷한
컬러나 향입니다. 로즈힙은 히비스커스와 짝을 이루고,
애플민트와 페퍼민트처럼 같은 종류끼리도 묶이지요.
이때 블렌딩하는 허브의 종류는 최대 2가지 이상을 넘지
않도록 합니다. 자칫 강한 허브의 향이 한데 모여 각각의
캐릭터가 희석될 수 있기 때문이지요. 블렌딩 시 허브티
베이스와 허브의 비율은 7:3이 적당합니다. 각자 취향에
맞게 조율이 가능합니다.

  ### 허브티 + 과일

허브티와 과일의 페어링도 기본 블렌딩의 하나입니다.
유기산 성분으로 유제품 분리를 일으키기 쉬운
생과일보다는 블루베리, 크랜베리, 건포도 등 말린
과일을 이용한 블렌딩이 좋습니다. 사과와 키위 등은
직접 말려 사용할 수 있습니다. 그밖에 레몬 껍질, 자몽
껍질, 라임 껍질, 오렌지 껍질 등의 말린 과일의 껍질도
즐겨 블렌딩하지요. 과일은 주재료라기 보다는 부재료에
가까우므로 허브와 블렌딩할 때는 주재료가 선명하게
느껴질 수 있는 비율로 섞어주세요.

 ### 허브티 + 향신료

허브와 향신료는 그 뿌리가 같지요. 강한 향을 지니고
약성을 갖고 있는 점도 같습니다. 허브 밀크티용 베이스
티에 향신료를 더하면 단조로울 수 있는 메뉴에 깊이를
더해줍니다. 시나몬, 바닐라처럼 달콤한 향부터 정향,
스타아니스, 강황, 생강, 넛맥처럼 강한 향에 후춧가루,
카다멈 같은 스파이시한 향까지 다양한 접목이 가능합니다.
허브티에 향신료를 페어링할 때는 향신료가 밀크티 전면에
나오지 않고 뒷맛에 은은하게 느껴질 만큼 소량을 넣어야
합니다. 허브와 향신료를 블렌딩할 때는 허브의 비율을 80%
이상 잡습니다.

허브티 밀크티에 어울리는 부재료

허브티는 각각의 성분이 다르듯 우려낸 수색도 각양각색입니다.
사용하는 부재료의 폭도 그만큼 넓지요. 자칫 단조로울 수 있는
허브 밀크티에 생동감을 부여하는 부재료를 알아봅니다.

꿀

음료 메뉴에 잘 어울리는 재료로 특히 허브와의 페어링 효과가 좋습니다. 꿀의 향이 허브의 느낌을 더욱 살려주지요. 아이스 밀크티에는 시럽으로 만들어 사용하세요. 일반 사양꿀을 권합니다.

요구르트

유제품을 발효해 만든 요구르트는 히비스커스나 로즈 힙을 베이스 티로 할 때 쓰임새가 좋습니다. 파우더 타입을 활용해도 같은 효과를 내지요. 이 밖에도 민트류의 허브와 궁합이 좋습니다.

타피오카펄

홍차나 녹차 밀크티에서 즐겨 사용하는 타피오카펄은 허브티와도 잘 맞습니다. 베이스 티의 수색과 동일 컬러로 선택하면 메뉴의 통일성을 주고 색감도 선명해져요. 타피오카펄의 양은 1잔 기준 30g이 적당합니다.

버터플라이 피 플라워

허브의 일종으로 주로 파란색의 메뉴를 만들 때 사용합니다. 다른 허브에 비해 맛이 강하지 않지요. 티를 우렸을 때 수색이 연한 허브티에 블렌딩해 색감을 내기 좋은 부재료입니다.

말린 허브

주재료보다는 장식으로 활용하기 좋은 재료입니다. 베이스 티에 사용한 동일한 종류의 말린 허브를 가니시로 사용하면 메뉴에 대한 정보는 물론 비주얼 효과도 높일 수 있지요. 메뉴 위에 포인트를 줄 정도만 사용합니다.

시트러스 과일

시트러스 과일은 껍질을 이용합니다. 시트러스 과일의 과즙은 우유를 뭉치게 하지요. 껍질의 오일 성분이 메뉴의 향을 풍부하게 살려줍니다. 시트러스한 과일의 향으로 메뉴를 더욱 상큼하게 만들어보세요.

허브시럽

허브를 이용한 메뉴에 각각색의 허브시럽을 활용하면 다양한 허브의 향을 지닌 메뉴를 만들 수 있습니다. 시럽은 밀크티 1잔 기준 20~30ml가 적당하며 더 달게 즐기고 싶다면 기본 시럽으로 양을 조절하세요.

탄산수

탄산수는 엄밀히 밀크티 메뉴에 어울리는 재료는 아닙니다. 하지만 색다른 조합으로 독특하고 개성 강한 메뉴를 만들 수 있지요. 탄산수를 넣어 메뉴를 만들 때는 유제품의 양을 적게 넣는 게 좋습니다.

HOT & COOL

허니바닐라캐모마일밀크티

베이식한 캐모마일밀크에 꿀과 바닐라시럽으로 달콤함을 채웠습니다. 사과향과
꽃향의 캐모마일티는 여러 재료와의 조합이 가능하지요. 퀄리티 있는 캐모마일로
베이스 티를 만드세요. 트와이닝, 로네펠트, 에파니, 메쓰머, 아일레스의
캐모마일을 추천합니다.

ASSEMBLE

Tea Base	캐모마일 1큰술
	HOT 끓인 물 200ml COOL 끓인 물 150ml+각얼음 가득
Milk Products	우유 100ml
Syrup	허니시럽 15ml P139 참조, 바닐라시럽 15ml
Garnish	캐모마일 약간

RECIPE

Hot

a   티포트와 잔에 뜨거운 물을 부어 예열한다.

b   ⓐ에 캐모마일과 끓인 물 200ml를 부어 5분간 진하게 우린다.

c   예열한 잔에 허니시럽과 바닐라시럽을 넣고 섞는다.

d   우린 티를 차 거름망으로 걸러 ⓒ에 따른다.

e   우유를 적당한 온도로 데워 붓는다.

f   메뉴 위에 캐모마일을 살짝 뿌려 장식한다.

Cool

a   티포트에 뜨거운 물을 부어 예열한다.

b   ⓐ에 캐모마일과 끓인 물 150ml를 부어 5분간 진하게 우린다.

c   티가 진하게 우러나면 차 거름망으로 캐모마일을 걸러 상온까지 식힌다.

d   잔에 허니시럽과 바닐라시럽, 식힌 티를 넣고 섞는다.

e   얼음을 가득 채우고 차가운 우유를 붓는다.

f   메뉴 위에 캐모마일을 살짝 뿌려 장식한다.

라벤더로즈마리밀크티

라벤더티에 로즈마리를 더해 두 가지 허브의 향을 즐길 수 있는 허브
밀크티입니다. 한 모금 마시면 베이스로 쓰인 라벤더향이 먼저 느껴지지요.
이어 로즈마리의 향이 입안 가득 허브의 싱그러움을 선사합니다.

ASSEMBLE

Tea Base	라벤더 2작은술
	HOT 끓인 물 200ml **COOL** 끓인 물 150ml+각얼음 가득
Milk Products	우유 80ml
Syrup	시럽 10ml, 로즈마리 2줄기
Garnish	로즈마리 약간

RECIPE

Hot

a 티포트와 잔에 뜨거운 물을 부어 예열한다.

b ⓐ에 라벤더와 끓인 물 200ml를 부어 5분간 진하게 우린다.

c 예열한 잔에 시럽과 로즈마리를 넣고 로즈마리향이 진하게 올라올 때까지
으깬다.

d 우린 티를 차 거름망으로 걸러 ⓒ에 따른다.

e 우유를 적당히 데워 붓고 그 위에 로즈마리를 올려 장식한다.

Cool

a 티포트에 뜨거운 물을 부어 예열한다.

b ⓐ에 라벤더와 끓인 물 150ml를 부어 5분간 진하게 우린다.

c 티가 진하게 우러나면 차 거름망으로 라벤더를 걸러 상온까지 식힌다.

d 잔에 시럽과 로즈마리를 넣고 로즈마리향이 진하게 올라올 때까지 으깬다.

e 얼음을 가득 채우고 그 위를 타고 내리듯 식힌 티를 부어 젓는다.

f 차가운 우유를 붓고 그 위에 로즈마리를 꽂아 장식한다.

세이지민트허니밀크티

'건강하다', '치료하다'라는 뜻에서 유래되었다는 세이지는 향이 진해 주로
요리 향신료로 쓰이지요. 블렌딩해 음료로 즐겨도 손색없는 허브입니다.
세이지에 민트와 꿀을 블렌딩한 티를 베이스로 우유와 시럽을 더하니
훌륭한 허브 밀크티가 완성되었어요.

ASSEMBLE

Tea Base	세이지민트허니티 티백 2개, 끓인 물 200ml
Milk Products	우유 80ml
Syrup	시럽 15ml
Garnish	세이지잎 1개, 말린 민트잎 약간

RECIPE

a   티포트와 잔에 뜨거운 물을 부어 예열한다.

b   @에 세이지민트허니티 티백과 끓인 물 200ml를 부어 5분간 진하게 우린다.

c   티가 진하게 우러나면 티백을 제거한다.

d   예열한 잔에 시럽을 넣는다.

e   우린 티를 잔에 부어 시럽과 섞는다.

f   우유를 적당한 온도로 데워 붓는다.

g   세이지잎을 한 장 올리고 말린 민트잎으로 장식한다.

TIP _／ **블렌딩 허브티를 활용**
세이지민트허니티는 녹차원에서 나온 제품입니
다. 세이지에 민트와 꿀을 블렌딩해 상큼한 풀향
과 달콤한 꿀향이 특징이지요. 2개 이상의 티백
을 우려야 우유와 어우러진 허브티의 느낌을 살
릴 수 있습니다.

CLASSIC
MILK TEA

Base 버터플라이 피 플라워+레몬머틀

블루레몬밀크티

버터플라이 피 플라워와 레몬머틀을 이용한 파란색의 레모니한 허브
밀크티입니다. '블루 티'라고 불리는 버터플라이 피 플라워는 주로 파란색의
메뉴를 만들 때 사용하지요. 산성성분의 재료와 만나면 파란색의 수색이
보라색으로 바뀌는 성질도 있어 다양한 컬러의 연출이 가능합니다.

ASSEMBLE

Tea Base	버터플라이 피 플라워 10개, 레몬머틀 3장
	HOT 끓인 물 200ml **COOL** 끓인 물 150ml+각얼음 가득
Milk Products	우유 100ml
Syrup	시럽 20ml
Garnish	**HOT** 버터플라이 피 플라워 1개

RECIPE

Hot a 티포트와 잔에 뜨거운 물을 부어 예열한다.

b ⓐ에 버터플라이 피 플라워와 레몬머틀을 넣고 끓인 물 200ml를 부어
5분간 진하게 우린다.

c 우린 티를 차 거름망으로 걸러 예열한 잔에 따른다.

d 시럽을 넣고 섞은 후 우유를 적당히 데워 붓는다.

e 메뉴 위에 버터플라이 피 플라워를 올려 장식한다.

Cool a 티포트와 잔에 뜨거운 물을 부어 예열한다.

b ⓐ에 버터플라이 피 플라워와 레몬머틀을 넣고 끓인 물 150ml를 부어 5분간
진하게 우린다.

c 티가 진하게 우러나면 차 거름망으로 허브를 걸러 상온까지 식힌다.

d 잔에 시럽과 차가운 우유를 넣고 섞는다.

e 얼음을 가득 채우고 식힌 티를 조심스럽게 붓는다.

CLASSIC
MILK TEA

Base 진저레몬그라스티

COOL

진저레몬그라스밀크티

상큼한 레몬그라스에 생강향이 부드럽게 페어링된 푸카의
진저레몬그라스티로 만든 메뉴입니다. 허브티에 생강을 블렌딩할 때는 맛과
향이 너무 강하지 않도록 신경써주세요. 생강향이 너무 강하면 메뉴의 맛을
방해할 수 있어요.

ASSEMBLE

Tea Base	진저레몬그라스티 티백 2개, 끓인 물 150ml, 각얼음 가득
Milk Products	우유 80ml
Syrup	시럽 15ml
Garnish	레몬그라스 1줄기, 생강 슬라이스 1개

RECIPE

a 티포트와 잔에 뜨거운 물을 부어 예열한다.

b @에 진저레몬그라스티 티백과 끓인 물 150ml를 부어 5분간 진하게 우린다.

c 티가 진하게 우러나면 티백을 제거하고 상온까지 식힌다.

d 잔에 시럽을 넣고 얼음을 가득 채운다.

e 식힌 티를 얼음을 타고 내리 듯 조심스럽게 따르고 시럽과 섞는다.

f 차가운 우유를 붓고 그 위에 레몬그라스와 생강 슬라이스를 올려 장식한다.

TIP ╱ **생 레몬그라스와 생강청 활용**
푸카의 진저레몬그라스티는 풋풋한 느낌의 레몬
그라스와 스파이시한 생강이 절묘하게 어우러진
티입니다. 메뉴의 향과 맛을 올리고 싶다면 생 레
몬그라스와 생강청을 추가하세요.

COOL

민트워터멜론밀크티

페퍼민트와 수박으로 맛낸 시원한 수박스무디 메뉴입니다. 우유의 양을
늘릴수록 맛이 부드러워지지요. 레시피를 기준으로 취향에 맞추어 그 양을
조절하세요. 수박의 시원함과 민트의 청량함이 입안에 가득해요.

ASSEMBLE

Tea Base	페퍼민트 1작은술, 끓인 물 120ml, 얼음 100g
Milk Products	우유 50ml
Syrup	수박 300g, 시럽 20ml
Garnish	수박 슬라이스 1개

RECIPE

a 티포트와 잔에 뜨거운 물을 부어 예열한다.

b ⓐ에 페퍼민트와 끓인 물 120ml를 부어 5분간 진하게 우린다.

c 티가 진하게 우러나면 차 거름망으로 허브를 걸러 상온까지 식힌다.

d 블렌더에 얼음과 우유, 수박, 시럽, 그리고 식힌 티 75ml를 넣고 곱게 간다.

e 잔에 메뉴를 담고 수박 슬라이스로 장식한다.

TIP **수박을 얼려 사용해도 좋아**
수박스무디를 만들 때는 수박과 얼음의 양이 중요
합니다. 수분양이 높은 수박은 음료로 즐길 때 묽
어지기 쉽지요. 수박을 얼려 사용하는 것도 방법
입니다. 반쯤 얼렸다가 얼음과 함께 갈아주세요.

VARIATION
MILK TEA

Base
타임

HOT & COOL

타임캐러멜밀크티

'숲의 향'을 지닌 타임은 최근 음료 메뉴에서 각광을 받고 있는 허브입니다.
이번 메뉴에서는 타임티를 베이스로 하여 캐러멜소스로 맛과 향을
더했습니다. 캐러멜소스로 마블링 장식을 할 때는 재빨리 잔 안쪽에 소스를
바르고 우유를 부어야 그 모양이 나옵니다.

ASSEMBLE

Tea Base	타임 1작은술
	HOT 끓인 물 200ml **COOL** 끓인 물 150ml+각얼음 가득
Milk Products	우유 100ml, 연유 10ml
Syrup	캐러멜소스 20ml, 소금 한 꼬집
Garnish	타임 3줄기

RECIPE

Hot
a 티포트와 잔에 뜨거운 물을 부어 예열한다.

b ⓐ에 타임과 끓인 물 200ml를 부어 5분간 진하게 우린다.

c 예열한 잔에 연유와 소금, 캐러멜소스를 넣고 잘 섞는다.

d 우린 티를 차 거름망으로 걸러 ⓒ에 따른다.

e 우유를 적당히 데워 붓는다.

f 잔 위에 타임을 올려 장식한다.

Cool
a 티포트에 뜨거운 물을 부어 예열한다.

b ⓐ에 타임과 끓인 물 150ml를 부어 5분간 진하게 우린다.

c 티가 진하게 우러나면 차 거름망으로 허브를 걸러 상온까지 식힌다.

d 잔에 연유와 소금을 넣고 섞는다.

e 캐러멜소스를 잔 안쪽 벽면에 흐르도록 넣는다.

f 얼음을 가득 채우고 식힌 차를 빠르게 붓는다.

g 차가운 우유를 붓고 잔 위에 타임을 꽂아 장식한다.

COOL

파인애플로즈마리블루밀크티

로즈마리와 버터플라이 피 플라워를 블렌딩해 베이스 티를 우리고 파인애플주스와
코코넛밀크를 더해 맛과 향, 컬러에 차이를 주었습니다. 한데 어우러진 파인애플,
로즈마리, 코코넛밀크의 향이 열대 휴양지의 추억을 불러옵니다.

ASSEMBLE

Tea Base	로즈마리 1작은술, 버터플라이 피 플라워 5개, 끓인 물 120ml, 각얼음 가득
Milk Products	코코넛밀크 70ml
Syrup	파인애플주스 80ml, 시럽 20ml
Garnish	로즈마리 1줄기, 파인애플 슬라이스 1/4개

RECIPE

a 티포트에 뜨거운 물을 부어 예열한다.

b @에 로즈마리와 버터플라이 피 플라워, 끓인 물 120ml를 부어 5분간
진하게 우린다.

c 티가 진하게 우러나면 차 거름망으로 허브를 걸러 상온까지 식힌다.

d 잔에 파인애플주스와 시럽 10ml를 넣고 섞는다.

e 다른 잔에 코코넛밀크와 시럽 10ml를 넣고 섞는다.

f ⓓ에 얼음을 가득 채우고 ⓔ를 조심스럽게 붓는다.

g 식힌 티를 조심스럽게 따른다.

h 로즈마리를 꼬치 삼아 파인애플을 꽂아 장식한다.

TIP **3색 컬러 레이어의 비밀은 밀도 차**
비주얼을 강조한 메뉴입니다. 노란색, 흰색, 파란
색 컬러 층의 비밀은 재료의 밀도 차이에 있습니
다. 각 재료에 함유된 시럽의 양에 따라 층이 달
라지지요. 시럽의 양이 많아질수록 무거워져 가라
앉게 됩니다. 여러 메뉴에 활용해보세요.

VARIATION
MILK TEA

Base
루이보스+시나몬
+정향+오렌지

HOT & COOL

스파이시루이보스밀크티

루이보스에 시나몬, 정향, 오렌지 제스트를 블렌딩해 뱅쇼 같은 밀크티를
완성했습니다. 겨울철 메뉴로 유명한 멀드와인이나 멀드사이다처럼 해외에서는
오렌지, 정향, 시나몬, 넛맥을 세트처럼 사용하는 경우가 많지요. 더 풍부한 향을
원한다면 넛맥도 추가해보세요. 과일향의 가향루이보스티와도 어울리는 메뉴예요.

ASSEMBLE

Tea Base	루이보스 4g, 시나몬파우더 한 꼬집, 정향 1알, 오렌지 제스트 1/4개분
	HOT 끓인 물 150ml **COOL** 끓인 물 150ml+각얼음 가득
Milk Products	우유 100ml
Syrup	시럽 20ml
Garnish	시나몬스틱 1개, 오렌지 껍질 약간, 정향 3알

RECIPE

Hot

a 티포트와 잔에 뜨거운 물을 부어 예열한다.

b @에 루이보스와 정향, 시나몬, 오렌지 제스트를 넣고 끓인 물 150ml를 부어
5분간 진하게 우린다.

c 우유를 적당히 데워 거품기로 포밍우유를 만들어 잔에 따른다.

d 시럽을 넣고 우유와 잘 섞는다.

e 우린 차는 차 거름망에 걸러 @에 섞는다.

f 오렌지 껍질에 정향 3알을 꽂아 시나몬스틱과 함께 장식한다.

Cool

a 티포트와 잔에 뜨거운 물을 부어 예열한다.

b @에 루이보스와 정향, 시나몬, 오렌지 제스트를 넣고 끓인 물 150ml를
부어 5분간 진하게 우린다.

c 티가 진하게 우러나면 차 거름망으로 걸러 상온까지 식힌다.

d 잔에 시럽과 차가운 우유를 넣고 섞는다.

e 얼음을 가득 채우고 식힌 티를 붓는다.

f 오렌지 껍질에 정향 3알을 꽂아 시나몬스틱과 함께 장식한다.

시나몬캐모마일밀크티

HOT & **COOL**

'땅에서 나는 사과'라는 별칭의 캐모마일에 시나몬을 넣어 스파이시한
캐모마일 밀크티를 만들었습니다. 캐모마일과 시나몬 조합에 생강, 강황 등의
향신료를 더하면 향이 풍부한 밀크티로 변신하지요. 깔끔한 메뉴를 원한다면
시나몬은 파우더보다는 스틱으로 사용하세요.

ASSEMBLE

Tea Base	캐모마일 1과1/2큰술
	HOT 끓인 물 200ml **COOL** 끓인 물 150ml+각얼음 가득
Milk Products	우유 100ml
Syrup	시럽 15ml, 시나몬파우더 한 꼬집
Garnish	시나몬스틱 1개, 시나몬파우더 약간

RECIPE

Hot

a 티포트와 잔에 뜨거운 물을 부어 예열한다.

b @에 캐모마일과 끓인 물 200ml를 부어 5분간 진하게 우린다.

c 우린 티를 차 거름망으로 걸러 예열한 잔에 따른다.

d 시럽과 시나몬파우더를 넣고 우린 티와 섞는다.

e 우유를 적당히 데워 붓는다.

f 시나몬스틱을 꽂고 가니시용 시나몬파우더로 장식한다.

Cool

a 티포트에 뜨거운 물을 부어 예열한다.

b @에 캐모마일과 끓인 물 150ml를 부어 5분간 진하게 우린다.

c 우린 티를 차 거름망으로 걸러 상온까지 식힌다.

d 잔에 시럽과 시나몬파우더를 넣고 식힌 티를 부어 섞는다.

e 얼음을 가득 채우고 차가운 우유를 붓는다.

f 시나몬스틱을 꽂고 가니시용 시나몬파우더로 장식한다.

VARIATION MILK TEA

Base
캐모마일

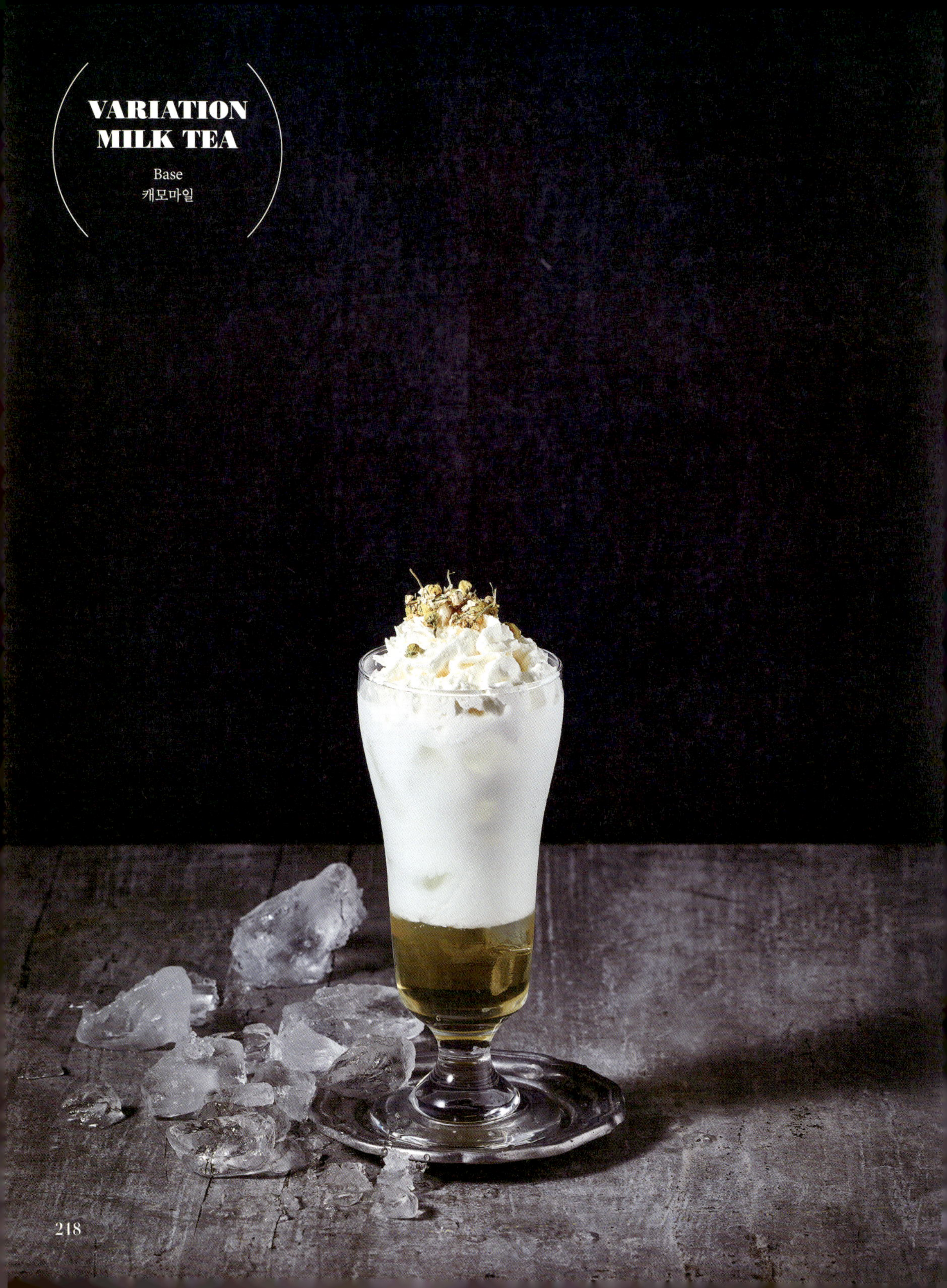

캐모마일이탈리안소다

탄산을 부드럽게 즐기는 이탈리아 소다 형식으로 만든 허브
밀크티입니다. 기존의 밀크티와는 사뭇 다른 느낌의 메뉴이지요.
탄산수에 생크림을 넣고 캐모마일시럽을 더하면 특별한 캐모마일소다를
만들 수 있습니다. 일본풍 메뉴로 많이 소개하고 있어요.

ASSEMBLE

Tea Base	탄산수 200ml, 각얼음 가득
Milk Products	하프앤하프크림(우유 25ml, 생크림 25ml), 휘핑크림 취향대로
Syrup	캐모마일시럽 30ml **P238 참조**
Garnish	캐모마일 약간

RECIPE

a 계량컵에 우유와 생크림을 넣고 섞어 하프앤하프크림을 만든다.

b 잔에 캐모마일시럽을 넣는다.

c 얼음을 가득 채우고 탄산수를 붓는다.

d 준비한 하프앤하프크림을 조심스럽게 넣는다.

e 휘핑크림을 취향대로 올리고 캐모마일로 장식한다.

TIP **크림소다와 비슷한 맛**
탄산음료 밀키스나 암바사의 느낌이 드는 메뉴예
요. 다양한 변신이 가능한데 휘핑크림을 바닐라
아이스크림으로 대체해도 맛있습니다.

COOL

블루로즈아이스큐브밀크티

버터플라이 피 플라워 티를 얼음으로 얼려 우유에 띄운 메뉴입니다.
버터플라이 피 플라워의 진한 파란색이 녹으며 서서히 달라지는 색상을
감상하는 것도 색다르지요. 은은한 로즈향도 느껴보세요.

ASSEMBLE

Tea Base	버터플라이 피 플라워 20개, 끓인 물 400ml
Milk Products	우유 200ml
Syrup	로즈시럽 20ml
Garnish	로즈버드 1개

RECIPE

a 티포트에 뜨거운 물을 부어 예열한다.

b @에 버터플라이 피 플라워와 끓인 물 400ml를 부어 5분간 진하게 우린다.

c 우린 티를 차 거름망으로 걸러 계량컵에 따른다.

d 아이스몰드에 우린 티를 부어 냉동실에서 6~7시간 단단하게 얼린다.

e 잔에 로즈시럽과 차가운 우유를 넣고 섞는다.

f 얼린 아이스 큐브티를 잔에 넣고 로즈버드로 장식한다.

TIP / **티 얼릴 때의 주의사항**
아이스 큐브티를 만들 때는 차의 진하기에 신경
써야 합니다. 얼음으로 만든 차는 쉽게 녹지 않아
처음에는 맛을 느끼기 힘들기 때문이지요. 베이
스 티를 진하게 얼리면 천천히 녹더라도 차 맛을
충분히 느낄 수 있어요.

COOL

바질레몬허니밀크티

생 바질을 우유에 으깨어 바질향우유를 만들었습니다. 바질은 흔히 이탈리아
요리에 쓰이는 허브 쯤으로 생각하지만 민트처럼 음료 메뉴에서도 자주
쓰이지요. 함께 넣는 레몬오일시럽이 바질향을 더욱 상큼하게 잡아줍니다.
바질향을 좋아한다면 그 양을 늘려도 좋아요.

ASSEMBLE

Tea Base	바질잎 3장(중간크기), 각얼음 가득
Milk Products	우유 200ml
Syrup	허니시럽 10ml **P139 참조**, 레몬오일시럽 15ml
Garnish	바질잎 1장(중간크기)

RECIPE

a 잔에 바질 3장과 허니시럽, 레몬오일시럽을 넣고 머들링한다.

b 진한 향을 원하면 머들링의 강도를 높인다.

c 얼음을 가득 채운다.

d 차가운 우유를 붓고 남은 바질잎으로 장식한다.

+ 레몬오일시럽 만들기

assemble 레몬 10개, 오렌지 3개(옵션), 설탕 80g

1 레몬과 오렌지는 깨끗이 씻어 껍질의 흰 부분이 없도록 필러로 자른다.
2 지퍼백에 레몬과 오렌지의 껍질과 설탕을 넣고 주무르며 섞는다.
3 하루 동안 상온에 두었다가 소독한 병에 담아 냉장보관한다.

COOL

로즈히비스커스요구르트쉐이크

히비스커스티에 로즈시럽을 더해 붉은색의 장미향 가득한 쉐이크를
만들었습니다. 히비스커스의 산 성분이 우유와의 분리를 일으키므로 빠르게
섞는 게 중요합니다. 진한 장미향을 느끼고 싶다면 히비스커스티를 우릴 때
로즈페탈을 블렌딩해 함께 우리세요.

ASSEMBLE

Tea Base	히비스커스 1큰술, 끓인 물 120ml, 얼음 150g
Milk Products	우유 100ml
Syrup	로즈시럽 15ml, 요구르트파우더 30g
Garnish	로즈페탈 약간, 로즈버드 1개

RECIPE

a   티포트에 뜨거운 물을 부어 예열한다.

b   ⓐ에 히비스커스와 끓인 물 120ml를 부어 5분간 진하게 우린다.

c   우린 티를 차 거름망으로 걸러 상온까지 식힌다.

d   블렌더에 우유와 로즈시럽, 요구르트파우더, 그리고 식힌 티 75ml,
    얼음을 넣는다.

e   블렌더로 곱게 갈아 잔에 붓는다.

f   메뉴 위에 로즈페탈과 로즈버드로 장식한다.

TIP ╱ **히비스커스 메뉴는 블렌더 활용**

히비스커스는 유기산 성분을 포함하고 있어 우유
와 분리작용을 일으키지요. 이때 블렌더로 만드
는 시간을 최소화하면 우유가 분리되는 시간을
최대한 늦출 수 있습니다. 완성한 메뉴는 빠르게
드시길 권합니다.

바나나캐러멜레몬그라스스무디

레몬그라스를 우린 우유로 만든 바나나스무디입니다. 레몬향이 나는 우유를
만들어 캐러멜소스로 달콤함을 더했지요. 레몬그라스, 시나몬 등 우유에
다양한 향을 입혀보세요. 가을과 겨울에 어울리는 밀크티입니다.

ASSEMBLE

Tea Base	생 레몬그라스 1/3개, 얼음 100g
Milk Products	우유 150ml
Syrup	캐러멜소스 20ml, 시럽 10ml, 바나나 2/3개, 소금 한 꼬집
Garnish	바나나 슬라이스 1개, 레몬그라스 2/3줄기

RECIPE

a   생 레몬그라스 1/3개를 잘게 슬라이스한다.

b   밀크팬에 레몬그라스 슬라이스와 우유를 붓고 약불에서 10분간 가열해
    허브를 우린다.

c   레몬그라스우유가 완성되면 차 거름망에 걸러 상온까지 식힌다.

d   블렌더에 ⓒ와 바나나, 캐러멜소스, 시럽, 소금, 얼음을 넣는다.

e   블렌더로 곱게 갈아 잔에 따른다.

f   가니시용 바나나 슬라이스와 레몬그라스로 장식한다.

TIP / **아이스크림을 넣어도 좋아**
스무디를 부드럽게 만들고 싶다면 얼음을 줄이고
아이스크림을 활용하세요. 바닐라아이스크림 3스
쿱에 얼음은 50g 정도가 적당하지요. 이때 아이스
크림은 당분 함량이 높으니 시럽은 생략합니다.

COOL

레몬머틀브라질리언에이드

브라질에서 즐기는 유제품이 들어간 에이드 형식의 허브 밀크티 메뉴입니다.
우유 없이 연유만으로 밀키함을 주지요. 라임주스의 새콤함이 느껴집니다.
새로운 형식의 메뉴에 도전해보세요.

ASSEMBLE

Tea Base	레몬머틀 3장, 끓인 물 200ml, 각얼음 가득
Milk Products	연유 20ml
Syrup	시럽 10ml, 라임주스 10ml, 라임 제스트 1/2개분
Garnish	라임 슬라이스 1개

RECIPE

a 티포트에 뜨거운 물을 부어 예열한다.

b ⓐ에 레몬머틀과 끓인 물 200ml를 부어 5분간 진하게 우린다.

c 우린 티를 차 거름망으로 걸러 상온까지 식힌다.

d 블렌더에 식힌 티와 연유, 시럽, 라임주스, 라임 제스트를 넣는다.

e 블렌더로 잘 섞어 잔에 붓는다.

f 얼음을 가득 채우고 라임 슬라이스에 칼집을 내어 잔 옆에 꽂아 마무리한다.

TIP 반드시 블렌더와 쉐이커 이용해야

라임주스 속 유기산 성분으로 자칫 연유와 분리
가 일어날 수 있습니다. 반드시 빠르게 섞으세요.
쉐이커 이용 시 재료와 얼음을 넣고 15초간 강하
게 흔들어 내용물을 섞습니다.

VARIATION
MILK TEA

Base
라벤더

COOL

라벤더타로블랙펄버블밀크티

라벤더와 타로파우더로 퍼플 컬러의 허브 밀크티를 완성했습니다.
블랙 타피오카펄까지 넣어 멋진 그라데이션을 만들었지요. 열대지방의
뿌리식물인 타로는 녹말 함유량이 높아 따뜻한 차에 넣으면 점성이 생길
수 있으니 놀라지 마세요.

ASSEMBLE

Tea Base	라벤더 2작은술, 끓인 물 120ml, 각얼음 가득
Milk Products	우유 150ml
Syrup	타로파우더 50g, 시럽 10ml
Garnish	삶은 블랙 타피오카펄 30g P245 참조

RECIPE

a 티포트에 뜨거운 물을 부어 예열한다.

b ⓐ에 라벤더와 끓인 물 120ml를 부어 5분간 진하게 우린다.

c 잔에 타로파우더와 시럽을 넣는다.

d 우린 티를 차 거름망으로 걸러 ⓒ에 섞는다.

e 미리 삶아 준비한 블랙 타피오카펄을 넣고 얼음을 가득 채운다.

f 차가운 우유를 부어 마무리한다.

TIP **타로파우더는 따뜻한 티에 녹여야**
타로파우더는 녹말성분으로 차갑게 식힌 티보다
는 따뜻한 티에 잘 녹습니다. 네이처티, 티젠, 태
향, 아임요 등 다양한 브랜드에서 타로파우더를
선보이고 있어요.

COOL

그린초콜릿민트밀크티

페퍼민트티와 화이트 초콜릿소스로 페어링한 파스텔톤의 허브 밀크티입니다.
민트잎을 넣어 예쁜 파스텔톤의 그린 컬러를 만들었지요. 민트뿐만 아니라
다른 허브와도 잘 어울리니 레시피를 다양하게 변형해보세요. 메뉴에 화이트
초콜릿을 제스터로 직접 갈아 넣어도 좋아요.

ASSEMBLE

Tea Base	페퍼민트 1작은술, 끓인 물 150ml, 얼음 100ml, 민트잎 5장
Milk Products	우유 100ml
Syrup	화이트 초콜릿소스 40ml **P241 참조**
Garnish	민트잎 2장

RECIPE

a   티포트에 뜨거운 물을 부어 예열한다.

b   ⓐ에 페퍼민트와 끓인 물 150ml를 부어 5분간 진하게 우린다.

c   우린 티를 차 거름망으로 걸러 상온까지 식힌다.

d   블렌더에 식힌 티 100ml와 우유, 화이트 초콜릿소스, 얼음, 민트잎을
    모두 넣는다.

e   블렌더로 곱게 갈아 잔에 따른다.

f   가니시용 민트잎으로 장식한다.

TIP / **허브티와 생 허브의 페어링**
민트티와 민트잎을 함께 갈아 만든 메뉴입니다.
민트티의 부족한 향을 민트잎으로 채웠지요. 민
트향을 좋아한다면 레시피보다 민트잎의 양을 늘
려도 좋습니다.

밀크티용 시럽 베스트 13
Make a Syrup 13

책에 수록된 메뉴에 쓰이는
시럽과 크림을 소개합니다.
물론 시판제품으로 손쉽게
만들 수 있지만 시럽의
특성상 바로 만들어
사용해야 향과 맛이 좋지요.
밀크티에 어울리는 시럽과
크림, 그리고 많은 분들이
질문하는 맛있는 타피오카
펄 삶기까지 하나씩
배워봅니다.

MILK TEA +
SYRUP & CREAM & PEARL

Milk Tea · Syrup

오렌지오일시럽 *75~100ml* / 냉장보관 / 14일

오렌지 껍질의 오일성분을 이용하여 만드는 시럽입니다. '오레오 사카럼'이라 불리는
시트러스 오일시럽 중 하나로, 주로 펀치를 만들 때 사용하지요. 상큼한 오렌지향이
강하게 나는 것이 특징입니다. 옵션으로 레몬을 조금 섞으면 향이 더욱 진해져요.
같은 방법으로 레몬오일시럽도 만들어보세요.

Assemble 오렌지 6개, 레몬 4개(옵션), 설탕 100g
레몬오일시럽 레몬 10개, 오렌지 3개(옵션), 설탕 100g

1   오렌지와 레몬은 깨끗이 씻어 물기를 제거한다.

2   오렌지와 레몬의 껍질을 필러로 잘게 자른다.

3   지퍼백에 ②와 설탕을 넣고 주무르며 섞는다.

4   24시간 동안 상온에서 보관한다.

5   완성한 오일시럽을 소독한 병에 담아 냉장보관한다.

활용 메뉴	COOL 레몬머틀브라질리언에이드 》 응용 메뉴
	COOL 진저레몬그라스밀크티 》 응용 메뉴
	HOT COOL 티라미수밀크티 》 응용 메뉴

Milk Tea · Syrup

라벤더시럽 *300ml* / 냉장보관 / 14일

향이 강한 라벤더시럽은 소량만 사용해도 존재감이 확실하지요. 말린 라벤더를 우린
티에 설탕을 넣는 방법으로 누구나 손쉽게 만들 수 있습니다.

Assemble 라벤더 2큰술, 끓인 물 200ml, 설탕 200ml

1 밀크팬에 라벤더와 끓인 물 200ml를 넣어 5분간 진하게 우린다.

2 티가 우려지면 불을 켜고 설탕을 넣어 강불에서 가열한다.

3 설탕이 다 녹으면 약불로 낮추어 점성이 느껴질 때까지 졸여 수분을 날린다.

4 시럽이 완성되면 불을 끄고 상온까지 식힌다.

5 차 거름망으로 완성한 시럽을 걸러 소독한 병에 담아 냉장보관한다.

활용 메뉴	
COOL	라벤더타로블랙펄버블밀크티 》 응용 메뉴
COOL	라벤더그린밀크티 》 응용 메뉴
COOL	블루베리그린밀크티 》 응용 메뉴
HOT COOL	라벤더로즈마리밀크티 》 응용 메뉴
HOT	얼그레이밀크티 》 응용 메뉴

Milk Tea · Syrup

민트시럽 *300ml* / 냉장보관 / *14일*

생 민트를 이용해 만드는 시럽입니다. 말린 허브가 아닌 생 허브를 사용해 프레시한
허브의 느낌을 그대로 담았지요. 색감도 맛도 신선합니다.

Assemble 생 민트잎(애플민트 또는 페퍼민트) 20g, 물 200ml, 설탕 200g

1 민트는 깨끗이 씻어 물기를 제거한다.

2 소스팬에 물을 넣고 끓어오르면 강불에서 설탕을 넣어 녹인다.

3 시럽이 완성되면 상온까지 식힌다.

4 계량컵에 민트잎과 완성한 시럽의 1/4 정도를 넣고 손절구로 강하게 머들링한다.

5 계량컵에 나머지 시럽을 넣고 섞어 차 거름망에 거른다.

6 완성한 민트시럽을 소독한 병에 담아 냉장보관한다.

활용 메뉴	COOL 쿠반밀크티
	COOL 민트워터멜론밀크티 » 응용 메뉴
	HOT COOL 페퍼민트초코푸얼밀크티 » 응용 메뉴
	HOT 세이지민트허니밀크티 » 응용 메뉴
	HOT 모로칸민트그린밀크티 » 응용 메뉴

Milk Tea · Syrup

캐모마일시럽 *300ml / 냉장보관 / 14일*

대중적인 허브인 캐모마일은 시럽으로 만들어두면 쓰임새가 다양합니다.
기본적인 캐모마일시럽에 다양한 부재료를 넣어 각양각색의 캐모마일시럽을
만들 수 있습니다.

Assemble 캐모마일 2큰술, 끓인 물 200ml, 설탕 200g

1 밀크팬에 캐모마일과 끓인 물 200ml를 넣어 5분간 진하게 우린다.

2 티가 우려지면 불을 켜고 설탕을 넣어 강불에서 가열한다.

3 설탕이 다 녹으면 약불로 낮추어 점성이 느껴질 때까지 졸여 수분을 날린다.

4 시럽이 완성되면 불을 끄고 상온까지 식힌다.

5 차 거름망으로 완성한 시럽을 걸러 소독한 병에 담아 냉장보관한다.

활용 메뉴	
COOL	캐모마일이탈리안소다
COOL	애플밀크티 ≫ 응용 메뉴
COOL	바질그린밀크티 ≫ 응용 메뉴
HOT COOL	허니바닐라캐모마일밀크티 ≫ 응용 메뉴
HOT COOL	시나몬캐모마일밀크티 ≫ 응용 메뉴

Milk Tea · Syrup
블루베리시럽 *250ml / 냉장보관 / 14일*

블루베리시럽을 만들 때는 냉동 블루베리를 이용하세요. 냉동 블루베리를 우려
블루베리의 색과 향을 그대로 담았지요. 옵션으로 레몬주스를 살짝 가미하면 과일의
상큼함까지 담을 수 있어요.

Assemble 냉동 블루베리 250g, 끓인 물 200ml, 설탕 200g

1 소스팬에 냉동 블루베리와 끓인 물 200ml를 넣고 5분간 우린다.

2 블루베리의 성분이 충분히 우러나도록 강불로 5~10분 가열한다.

3 설탕을 넣고 녹여 끓어오르면 중불로 줄여 점성이 느껴질 때까지 졸여 수분을
날린다.

4 완성한 시럽을 실온까지 식힌다.

5 차 거름망으로 과육을 걸러 소독한 병에 담아 보관한다.

활용 메뉴	
COOL	블루베리그린밀크티
COOL	헤이즐넛딸기푸얼밀크티 » 응용 메뉴
COOL	블루우롱밀크티 » 응용 메뉴
COOL	라벤더타로블랙펄버블밀크티 » 응용 메뉴
HOT COOL	블루레몬밀크티 » 응용 메뉴

Milk Tea · Syrup

흑당시럽 *300ml* / 냉장보관 / 14일

흑당으로 만드는 시럽입니다. 흑설탕과는 엄연히 다른 흑당은 당밀을 포함하고
있지요. 대중적인 마스코바도 제품으로 만들어보세요.

Assemble 물 200ml, 다크 마스코바도 200g, 소금 한 꼬집

1 소스팬에 물과 다크 마스코바도, 소금을 넣고 강불에서 끓인다.

2 설탕이 다 녹아 시럽이 팔팔 끓으면 중불로 낮추어 수분을 날린다.

3 원하는 점도가 되면 불을 끄고 상온까지 식힌다.

4 소독한 병에 담고 냉장보관한다.

활용 메뉴	COOL 흑당블랙펄그린밀크티
	COOL 크렘브륄레우롱버블밀크티 » 응용 메뉴
	COOL 코코넛그린밀크티 » 응용 메뉴
	HOT 도라지그린밀크티 » 응용 메뉴

 →  →  →

Milk Tea · Syrup

화이트 초코소스 *300ml / 냉장보관 / 14일*

시럽과 달리 화이트 초콜릿을 녹여 만들어 소스의 느낌이 강합니다. 밀크티를 기본으로 커피,
디저트 등 다양한 메뉴에 활용 가능하지요. 같은 방법으로 다크 초콜릿소스도 만들어보세요.

Assemble   화이트 커버추어초콜릿 300g, 생크림 100ml, 버터 20g, 바닐라에센스 1/2작은술
다크 초콜릿소스 다크 커버추어초콜릿 400g, 생크림 100ml, 물엿 30ml, 바닐라에센스 1/2작은술

1   밀크팬에 생크림과 버터를 넣고 끓기 직전까지 데워 버터를 녹인다.
    다크 초콜릿소스는 생크림, 물엿을 넣는다.

2   믹싱볼에 화이트 커버추어초콜릿를 넣는다. 초콜릿소스는 다크
    커버추어초콜릿을 넣는다.

3   ①의 데운 생크림을 ②에 넣고 초콜릿이 녹을 때까지 기다린다.

4   초콜릿이 충분히 녹으면 섞는다.

5   바닐라에센스를 넣고 소독한 병에 담아 냉장보관한다.

활용 메뉴	COOL 그레놀라화이트초콜릿그린밀크티
	COOL 그린초콜릿민트밀크티
	COOL 바나나밀크티 ≫ 응용 메뉴
	HOT COOL 아니스커피푸얼밀크티 ≫ 응용 메뉴

화이트 초코소스   다크 초콜릿소스

Milk Tea + Cream

얼그레이크림 *100ml / 냉장보관 / 즉시 사용*

크림얼그레이티를 생크림에 우려 만드는 크림입니다. 생크림에 향을 입혀
다양하게 활용해보세요. 단단한 휘핑크림이나 크림 대체로 사용하기 좋아요.

Assemble 크림얼그레이티 티백 2개, 생크림 100ml, 시럽 10ml

1 밀크팬에 생크림 50ml와 크림얼그레이티 티백을 넣고 약불로 가열한다.

2 티가 충분히 우려지면 티백을 제거하고 불을 끄고 차갑게 식힌다.

3 믹싱볼에 남은 생크림 50ml와 시럽을 넣고 걸쭉해질 때까지 휘핑한다.

4 ②를 ③에 넣고 고루 섞어 완성한다.

활용 메뉴	COOL 얼그레이크림밀크티
	COOL 초코블랙펄밀크티 ≫ 응용 메뉴
	COOL 베일리스밀크티칵테일 ≫ 응용 메뉴
	HOT COOL 바닐라밀크티 ≫ 응용 메뉴
	HOT COOL 흑당블랙펄밀크티 ≫ 응용 메뉴

Milk Tea + Cream

커스터드크림 *100ml / 냉장보관 / 즉시 사용*

커스터드는 베이킹에 쓰이는 기본 크림 중 하나입니다. 밀크티에도 상당히 잘
어울리는데, 특히 홍차를 이용한 기본 밀크티와 맛과 향의 궁합이 좋습니다.

Assemble 달걀노른자 1개, 생크림 50ml, 우유 50ml, 설탕 1과1/2큰술,
바닐라에센스 1/8작은술, 녹말가루 1/8작은술

1 믹싱볼에 달걀노른자와 설탕을 넣고 레몬색이 될 때까지 젓는다.

2 밀크팬에 생크림과 우유를 넣고 중불에서 서서히 가열한다.

3 우유와 생크림이 데워지면 ①에 조금씩 부어가며 섞는다. 너무 뜨거우면 달걀이 익을 수 있으니
주의한다.

4 달걀과 크림이 섞이면 고운 체에 거른다.

5 곱게 거른 커스터드를 다른 밀크팬에 붓고 바닐라에센스와 녹말가루를 넣어 약불로 가열한다.

6 점도가 어느 정도 느껴지면 가열을 멈추고 식혀 완성한다.

활용 메뉴	COOL 크렘브륄레우롱버블밀크티
	COOL 메이플밀크티 ≫ 응용 메뉴
	COOL 아카시아허니우롱밀크티 ≫ 응용 메뉴
	HOT COOL 카카오밀크티 ≫ 응용 메뉴
	HOT 얼그레이밀크티 ≫ 응용 메뉴

Milk Teas + Cream

티라미수크림 *250ml / 냉장보관 / 즉시 사용*

티라미수는 이탈리아를 대표하는 디저트 중 하나입니다. 이번에 소개할 티라미수크림은
티라미수의 느낌이 나도록 만든 크림입니다. 밀크티와도 페어링하기 좋습니다.

Assemble 마스카포네치즈 100g, 달걀노른자 2개, 설탕 1과1/2큰술, 생크림 150ml, 에스프레소
15ml, 바닐라에센스 1/8작은술

---

1 믹싱볼에 달걀노른자 2개와 설탕을 넣고 연한 노란색이 될 때까지 젓는다.

2 ①에 마스카포네치즈를 넣고 섞는다.

3 다른 믹싱볼에 생크림과 에스프레소, 바닐라에센스를 넣고 소프트 픽이 되도록
   휘핑한다.

4 ②를 ③에 섞어 완성한다.

활용 메뉴	COOL 티라미수밀크티
	COOL 메이플밀크티 ≫ 응용 메뉴
	COOL 코코넛그린밀크티 ≫ 응용 메뉴
	HOT COOL 카카오밀크티 ≫ 응용 메뉴
	HOT COOL 바닐라밀크티 ≫ 응용 메뉴

Milk Tea · Pearl

타피오카펄 *30g* / 냉동보관 / 30일

일반적인 타피오카펄을 만드는 방법입니다. 카사바로 만든 타피오카펄은 전분
함량이 높아 삶을 때 많은 물이 필요합니다. 사용 후 남은 타비오카펄은 1인분(30g
정도)씩 개별포장해 최대한 납작하게 펴서 냉동실에 보관합니다.

Assemble 타피오카펄 30g, 물 150ml, 설탕 또는 꿀 30ml

1 타피오카펄의 양의 3~4배 정도의 물을 준비하여 전기포트에 끓인다.

2 냄비에 타피오카펄과 끓인 물을 부어 강불에서 펄이 떠오를 때까지 조금씩 저어가며 삶는다.

3 타피오카펄의 중앙 흰색부분이 사라지면 불을 끄고 7~8분간 뜸을 들인다.

4 찬물에 뜸을 들인 타피오카펄을 헹군다.

5 타피오카펄이 투명한 빛깔을 내면 체에 밭쳐 물기를 제거한다.

6 설탕, 꿀 등의 감미료와 섞어 완성한다.

활용 메뉴	
COOL	초코블랙펄밀크티
COOL	허니그린펄밀크티
COOL	바나나블랙펄그린밀크티
COOL	크렘브륄레우롱버블밀크티
COOL	흑당블랙펄밀크티

어디에도 없는
밀크티 백과사전

카
페

Milk Tea

메
뉴

101

2021년 11월 17일 2쇄 발행

티 믹솔로지스트	이상민
펴낸이	문영애
사진	박종혁(histudio)
디자인	Eightball Studio
푸드스타일링	형님(st.형님) / 어시스트 수영
협찬처	TWL, HOPELIFE
인쇄/출력	도담프린팅

펴낸곳	수작
주소	경기 용인시 수지구 동천로64
전화	02-2066-7044
이메일	suzakbook@naver.com
블로그	blog.naver.com/suzakbook
인스타그램	@suzakbook

ISBN 978-89-6993-032-3
세트 ISBN 978-89-6993-024-8 (14590)

이 책은 저작권법에 따라 보호받는 저작물이므로 무단 전재와 무단 복제를 금지하며,
이 책 내용의 전부 또는 일부를 이용하려면 반드시 저작권자와 수작걸다의 서면 동의를 받아야 합니다.
* 제본에 이상이 있는 책은 바꾸어 드립니다.